WHAT IS A D   R?

THE ERA OF DISASTER

재난의 시대

김광용·오윤경·이재율·지용구·차상화·최병윤 공저

재난의 시대

재난이란 무엇인가?

김광용·오윤경·이재율·지용구·차상화·최병윤 공저

| 목차 |

머리말

흔히 재난이라고 하면 사람들은 홍수나 태풍, 화재를 떠올리곤 한다. 그러나 최근 우리는 지금까지 겪어 보지 못한 새로운 형태와 강도의 재난을 경험하고 있다. 2016, 2017년에 발생한 경주와 포항의 지진, 세월호 참사와 같은 대형 여객선 사고, 메르스, 코로나19와 같은 감염병 등이 바로 그 예이다.

3년 가까이 계속되고 있는 코로나19는 우리에게 큰 영향을 미치면서 개인의 삶마저 바꾸고 있다. 일하는 방법, 공부하는 방법 등 삶의 방식이 바뀌고 있다. 한편 사회를 변화시키는 거대한 변화의 촉진자 역할도 하고 있다. 정부의 조직이 바뀌고, 정부 재정 투입의 우선순위가 바뀌고 있다. 코로나19로 우리는 먼저 온 미래를 만나고 있다. 많은 사람이 코로나19 이전의 상태로 돌아갈 수 있는가에 대해 의문을 품고 있다.

재난은 알고 싶지 않고 그냥 멀리하고 싶다. 나에게는 일어나지 않으리라 생각하며 외면한다. 그러나 코로나19를 겪으면서 우리는 재난과 함께 살아가고 있음을 자각한다. 앞으로도 재난과 함께 살아가야 한다. 우리와 떼려야 뗄 수 없는 재난의 시대를 살아가야 하는 우리는 재난을 이해해야만 한다.

우리나라가 재난에 대응하는 방식은 미국, 일본, 유럽 등과는 다른 점이 있다. 예를 들면, 코로나19 발생 기간 중 우리는 매일

'안전 문자'를 받고, TV에서 노란 옷을 입고 회의와 브리핑을 진행하는 공무원들의 모습을 보고 있다. 우리는 당연하게 여기지만 우리나라에 처음 온 외국인의 눈에는 신기하게 보이거나 이상하게 보일 수도 있다. 그러나 일반 국민뿐만 아니라 코로나19에 대응하고 있는 공무원도 우리나라 재난관리의 특징에 대해 잘 알지 못하고 있는 것이 사실이다.

이 글의 목적은 우리나라 재난관리의 특징을 알기 쉽게 정리하여 재난관리에 관한 공무원과 국민의 이해를 높이는 데 이바지하는 것이다. 전문적인 논문이나 어려운 글이 아니라 가능하면 일반 국민 누구나 쉽게 읽을 수 있는 기고문 형태로 작성하고자 노력했다. 글의 주제는 일반 국민이나 공무원이 재난에 대해 궁금하게 여기는 주제들과 재난과 관련해서 알아두면 도움이 될 만한 주제를 고루 포함하고자 노력했다.

저자 일동

PART 1

위험의 이해

위험사회

위험(risk)이란 무엇인가?

위험은 사전적으로는 손실이나 부상의 가능성(possibility of loss or injury)을 의미한다. 위험은 사건이나 활동으로 인해 원치 않는 부정적인 결과의 가능성으로 정의할 수 있다(Rowe, 1997). 또한, 위험은 '자연적 또는 인간이 초래한 위험 요인과 취약한 환경의 상호작용에 따른 해로운 결과 또는 예상되는 (생명, 인명 손상, 재산, 가축, 경제활동의 방해 또는 환경적 피해 같은) 손실의 가능성'으로 정의할 수 있다(UN ISDR, 2002). 이처럼 대부분 위험에 대한 정의는 부정적인 사건에 대한 가능성 추정을 포함하고 있다고 볼 수 있다. 정리해 보면, 위험은 어떠한 바람직하지 않은 현상의 발생 가능성과 그에 따른 피해를 나타내고 있다(정지범, 2009). 따라서 공학적으로 정량화를 시도하면 '위험도 = 발생 가능성 × 발생 시 예측되는 결과'로 나타내는 것이 일반적이다 (정지범, 2009; 서재호, 2010).

위험은 범죄, 질병, 감염병, 자동차, 화학약품, 미세먼지, 미세 플라스틱, 담배, 테러, 전쟁, 기후 변화, 돈, 해고, 성관계를 비롯한 다양한 원인으로부터 발생한다(Fischhoff & Kadvany, 2011). 최근 우리 사회는 과학기술의 발전과 함께 예전에 우리가 경험했던 위험과는 다른 기술 실패가 가져오는 위험으로 인해 고위험 사회가 되고 있다(박현수, 2015). 산업화 이전 전통사회에서의 주된 위험은 사자와 호랑이 같은 동물과 위험한 벌레, 쓰러지는 나무, 추위와 비(홍수, 가뭄) 등 자연환경과 관계가 있다. 물론 자연환경에 따른 위험 외에도 폭력과 감염병과 기아가 목숨을 위협하는 위험 요인이다. 산업화된 서구 사회에는 새로운 유형의 위험이 대두되었다. 자동차와 사다리, 심장마비와 암 등 비전염성 질병이 대표적인 예이다(Diamond, 2016). 유조선에서 기름 유출, 해난 사고, 지하철 사고, 유해 화학물질 유출, 원전 사고 등 인간이 만든 과학기술을 제대로 통제하지 못해 발생하는 기술 실패(technological failure)로 재난을 겪고 있다(박현수, 2015). 우리는 전통적인 위험 일부를 해소한 대신, 새로운 위험을 만들어 낸 것이다(Diamond, 2016).

다시 말해 산업의 발전은 생산성을 향상하고 인간에게 풍요로운 삶을 가져다 주었지만, 동시에 인간을 유례가 없는 엄청난 재난의 위험에 빠지게 했다(울리히 벡, 2004). 울리히 벡(2004)은 현대사회의 위험은 근대성의 실패가 아니라 성공에서 비롯된 것이며, 만약 근대가 도래하지 않았다면 현대사회는 이 정도로 위험해지지 않았을 것이라고 설명한다.

위험은 매우 일상적이고 평범하며 자연스러운 인간 삶의 일부다. 위험이 인간에게 익숙한 상황임에도 불구하고 위험은 최근에 와서 더욱 주목받고 있다. 그 이유는 과거에는 주로 개인 차원의 위험이 관심 대상이었으나 고도로 산업화된 현대사회에서는 위험이 더 이상 개인의 문제가 아니고 사회 전체의 위험이 되기 때문이다(서재호, 2010). 현대사회의 위험은 인간의 능력으로는 통제할 수 없을 정도로 급속도로 확장되는 경향이 있으며 그 위험의 원인이 무엇인지, 위험의 크기는 어느 정도인지, 위험을 어떻게 제어할 수 있는지 등에 대한 인간의 지식은 매우 제한적이고 불확실하다(울리히 벡, 2004).

울리히 벡(2004)은 이성과 과학에 대한 맹목적인 신뢰를 벗어던지고 근대화의 문제점을 보완할 수 있는 '성찰적 근대화'를 주장한다. 성찰적 근대화란 산업사회의 원리 자체를 성찰함으로써 새로운 사회를 만들어 나가자는 것이다. 인간은 현대 과학기술의 이점뿐만 아니라 그 한계도 고려하여 과학에 대한 통제력을 높여야 한다. 그리고 기술에 대한 의존성과 기술 공학 체계의 내재적 복잡성을 줄여나가야 한다고 말한다. 이를 위해 벡은 과학적 합리성과 사회적 합리성 간의 건전한 토론을 강조한다. 과학적 합리성과 사회적 합리성이 대등한 입장에서 서로 공정하게 경쟁한다면 그만큼 현대사회에 발생할 수 있는 위험의 수위를 낮출 수 있다는 것이다.

학자들은 한국에서 발생하는 위험은 두 가지 성격, 즉 합리성의 급진화로 인한 '위험사회 위험'의 성격과 합리성의 부족으로 인한 '위험사회 이전 위험'의 성격을 동시에 띤다고 설명한다(대학신문, 2015). 한국이 '이중 위험사회'라는 것이다. 비슷한 개념으로 한국 사회를 선진국형, 후진국형 및 한국형 위험이 공존하는 '복합 위험사회'로 진단하기도 한다. 합리성의 급진화로 인한 선진국형 위험, 대피 및 복구 체계의 미비로 인한 후진국형 위험에 한국 특유의 속도와 효율을 중시하는 날림형 위험이 공존한다는 주장이다(김대한, 1998).

이러한 우리나라의 복합적 위험 특성은 우리나라의 사회경제적 발전 과정의 특성과 우리 사회의 가치적 우선순위에 대한 이해를 바탕으로 하는 재난관리에 대한 고찰이 필요함을 의미한다.

chapter
02

인지하는 위험 vs. 실제 위험

위험은 복잡하고 주관적이다. 그래서 위험에 대한 인식에는 다양한 요인이 영향을 미친다(Slovic, 1999). 일반적으로 사람들은 위험을 보고, 듣고, 기억하는 것을 기반으로 추측하는 경향(Slovic et al. 1979)이 있어서 개인의 위험 인식과 객관적인 위험은 다를 수 있다(Oltedel et al, 2004).

사망자가 많이 발생할수록 사람들은 위험하다고 인식할까?

우리나라에서 사람들은 대부분 질병으로 사망한다. 통계청의 사망 원인 통계에 따르면, 2019년 우리 국민의 5대 사망 원인은 암, 심장질환, 폐렴, 뇌혈관질환, 자살이다. 암이 가장 높은 순위를 차지하고 있고, 그 수도 계속 증가하고 있다(통계청, 2020a). 질병 이외의 외부 요인에 의한 사망이 차지하는 비중은 9.2% 수준이다. 외부 요인에 의한 사망률은 자살, 운수 사고, 추락 사고, 익사, 타살, 화재, 중독 순이다.

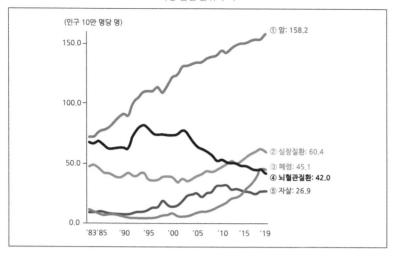

출처: 통계청, 2020a

　반면 통계청의 2020년 사회조사 결과를 보면 우리 국민이 우리 사회의 가장 큰 불안 요인으로 '신종 질병'을 선택한 응답이 32.8%로 가장 높고, 다음은 경제적 위험(14.9%), 범죄(13.2%), 국가 안보(11.3%), 도덕성 부족(7.4%), 환경오염(6.6%) 등의 순으로 나타났다(통계청, 2020b). 특히, 신종 질병으로 응답한 비중은 2년 전 2.9%에서 32.8%로 29.9%p 증가하였다. 코로나19 팬데믹의 영향으로 분석된다. 경제적 위험 역시 2년 전 12.8%로 네 번째 불안 요인으로 꼽혔지만, 이번에는 두 번째를 차지했다. 코로나19 이후 경기 침체로 생활고에 대한 걱정이 커졌기 때문으로 해석된다.

　사망 원인을 기준으로 본다면 우리 국민은 암을 가장 위험하다고 생각해야 한다. 그러나 어떤 위험으로 인한 사망자 수가 그 위험의 강도와 빈도를 평가하는 기준이 될 수는 없다. 조심하지 않는 경우, 각 위험에 대한 사망자 수가 어떻게 되는지 측정해야 한다. 그러나 그런 계산을 고려하더라도 우리가 주관적으로 평가하는 위험 순위와 실제 위험 강도 사이에는 큰 차이가 있다(Diamond, 2016).

세계경제포럼(WEF)에서 포럼에 참여한 단체, 전문가 네트워크 등을 상대로 위험의 충격(impact)을 조사한 '글로벌 위험 보고서(The Global Risks Report 2021)'에 따르면, 앞으로 10년 이내에 전 세계에서 발생할 수 있는 위험 중 감염병의 충격이 가장 큰 요인으로 꼽혔다. 2020년 보고서에서는 감염병은 충격 수준이 10위로 평가됐지만, 올해는 1위에 올랐다. 코로나19 팬데믹으로 사망자가 증가하고 경제가 위축된 상황이 반영된 것으로 해석된다. 감염병에 이어 기후 변화 대응 실패, 대량 살상 무기, 생물 다양성 감소, 천연자원 위기가 5위 안에 있었다. 2020년 보고서에서는 기후 변화 대응 실패, 대량 살상 무기, 생물 다양성 감소, 극단적 기상 현상 발생, 물 부족 위기 등이 1~5위를 차지했다.

사회의 가장 큰 불안 요인

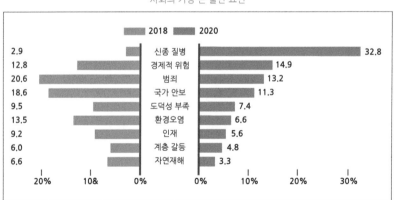

출처: 글로벌 위험 보고서(2021)

감염병 위험의 순위가 상승한 데에는 알려지지 않은 신종 감염병이라는 점, 어떻게 전개되고 언제 종식될지 알 수 없다는 점이 큰 영향을 미쳤다. 사람들은 일반적으로 통제할 수 없는 위험, 단번에 많은 사람을 죽이는 위험, 새롭고 익숙하지 않은 위험을 과대평가한다(Diamond, 2016). 이러한 이유로, 사람들은 자동차의 위험보다는 항공기의 위험을 크게 평가하며, 테러, 원자력발전소 사고, 유전자 조작 위험 등을 더욱 크게 받아들이는 경향을 보인다(Diamond, 2016).

일반적으로 사람들은 항공기의 위험보다 자동차의 위험을 낮게 평가하는 경향이 있다. 이것은 많은 연구에서 밝혀진 바와 같이 항공기의 위험이 단번에 많은 사람을 죽이고 우리에게 언제든 닥칠 수 있지만, 우리가 통제할 수 없는 위험이기 때문일 수 있다(Diamond, 2016). 많은 연구에 따르면 우리는 통제할 수 없는 위험, 단번에 많은 사람을 죽이는 위험, 새롭고 익숙하지 않은 위험을 과대평가한다(Diamond, 2016). 이런 이유로 테러, 원자력발전소 사고, 항공기 추락, 유전자 조작의 위험을 과대평가한다(Diamond, 2016).

원자력의 위험, 어떻게 이해할 것인가?

원자력에 대해 가장 전문가라 할 수 있는 원자력공학과의 교수들은 원자력이 안전하다고 말한다. 원자력은 전문가의 말대로 정말 안전할까? 원자력 전문가들은 왜 원자력이 안전하다고 평가할까? 사고가 나면 엄청난 피해가 발생할 수도 있는데 말이다.

위험 인식에 관한 연구에서 보면 전문가가 일반인보다 원자력의 위험을 훨씬 낮게 평가하는 것으로 나타나고 있다(Sjöberg, 1999). 전문가와 일반인의 위험 인식 차이는 무엇 때문일까? 전문가라는 단어가 말해 주는 것같이 전문가와 일반인의 차이는 지식수준이다. 전문가들은 교육과 훈련, 경험을 통해 일반인이 갖지 못한 위험과 관련된 지식을 보유하고 있을 가능성이 높다(Siegrist & Cvetkovich, 2000). 대체로 일반인은 위험을 주관적이고, 가상적이고, 정서적으로 인식하는 반면, 전문가는 위험을 객관적이고, 합리적으로 측정한다(Slovic, 1999). 위험 인식을 연구하는 학계에서는 전문가의 판단은 일반인의 위험 인식에 비해 더 진실하다고 보고 있다(Rowe & Wright, 2001).

기본적으로 전문가가 실질적인 위험을 평가해서 일반인들에 비해 위험에 대해 더 잘 이해한다고 볼 수도 있지만, 전문가의 위험 판단에는 다른 요인들도 영향을 미친다(Sjöberg, 1999). 먼저, 전문가는 위험을 확률로 이해하는 데 비해 일반인들은 결과로 이해한다. 둘째, 전문가는 관련 분야에 참여하고 있어서 통제할 수 있다고 생각하고, 오랜 경험이 위험을 습관화되게 만든다. 셋째, 전문가는 일반인보다 관련 업계나 정부 기관, 다른 전문가에 대한 신뢰가 높다. 그 외에도 전문가가 되는 과정에서 자기 선택(self selection), 전문가의 사회화 과정, 정치적 이념, 언론의 보도 내용도 영향이 있을 수 있다.

원자력이 안전하지 않다고 주장하는 이들이 가장 많이 인용하는 이론이 '정상 사고 이론(normal accident theory)'이다. 이 이론은 사회학자인 페로(Perrow)가 주창한 이론이다(Perrow, 1999). 그는 미국 스리마일섬 원전 사고(Three Mile Island accident)를 대표적인 정상 사고의 사례로 들고 있다. 그는 원전, 화학공장 같은 고위험 시스템은 사고 발생을 불가피하게 만드는 속성을 지니고 있다고 설명한다. 많은 요소로 구성된 시스템에서는 예상하지 못한 방식으로 2가지 이상의 장애가 상호작용을 일으키고, 이런 예상하지 못한 문제는 운용자가 적절히 대응하기 어렵다. 물론 사후에 경보와 보호 장치가 추가되지만, 시스템이 복잡해진 만큼 예상치 못한 장애들이 상호작용을 일으킬 위험성도 증가한다. 이것이 시스템 자체의 속성이며, 정상 사고는 이러한 시스템의 복잡한 연계성과 다발적 장애의 상호작용에서 기인한다. 이러한 사고의 발생이 정상인 이유는 잦거나 예측할 수 있기 때문이 아니다. 정상 사고는 드물게 일어나고 예측하기 어렵다. 그는 고위험 시스템을 세 가지 범주로 나누고 핵무기와 핵발전소를 포기해야 할 것으로 분류하고 있다.(Perrow, 1999)

페로(Perrow)는 최근 발생한 후쿠시마 원전 사고(Fukushima Daiichi

nuclear disaster)도 정상 사고로 보고 있다. 정부는 원자력발전소 같은 위험한 산업 시스템을 덜 위험하게 만들기 위해 규제하고, 다양한 공식 및 비공식 경고 시스템은 사회가 재앙을 피하는 데 도움이 될 수 있다. 그러나 최근 규제 실패, 경고 무시, 부적절한 재난 대응, 평범한 인적 오류를 동반한 대형 재난이 많이 발생하고 있다. 더욱이 대형 재난을 예방하기 위한 최선의 노력에도 불구하고 복잡하고 밀접하게 연결된 현대사회 시스템에서 '정상' 사고가 불가피하게 발생하여 후쿠시마 원전에서 볼 수 있는 예측할 수 없는 연쇄 재난이 발생할 수 있다(Perrow, 2011).

정상 사고 이론은 고신뢰 이론(high reliability theory)을 신봉하는 학자에 의해 비판을 받고 있다(강윤재, 2007).

(1) 현실에서 일어나는 대부분 사고는 시스템 사고(정상 사고)가 아니라 요소 실패 사고(component failure accident)이다.

(2) 정상 사고에서 주장하는 복잡도와 결합도를 측정할 수 있는 기준이 없다.

(3) 우리가 고위험 시스템에 의존해서 사는 상황에서 정상 사고 이론이 할 수 있는 답은 고위험 기술 시스템의 포기 또는 위험 감수뿐이다. 정상 사고 이론은 정책적 현실에서 아무런 기여도 못 한다.

고신뢰 이론은 실천적 유용성을 강조한다. 주요 관심사도 어떻게 하면 복잡한 기술 시스템에서 조직적 차원의 높은 신뢰성을 유지하여 기술적 실패를 예방할 수 있느냐에 있다. 고신뢰 이론도 스리마일섬 원전 사고에 기원을 두고 있으나, 미국에서 독성화학물질, 핵발전소, DNA 재조합 연구 등에 대한 끔찍한 경고에도 불구하고 재앙은 일어나지 않고 있음에 주목한다. 이것은 위험이 감시되고, 평가되고, 감소시키는 정교한 과정이 시행되고 있기 때문이며, 위험을 줄이는 조직적 과정과 전략을 충분히 개발하고 시행하면 재앙을 피할 수 있는 완벽한 시스템을 구축할 수 있다고 본다(강윤재, 2007).

이 이론은 고신뢰 조직(high reliability organizations)에서 발견되는 다음의 사항들이 사고 예방의 조건으로 작용하고 있다고 본다.

　(1) 안전과 신뢰를 조직 최우선 목표로 설정

　(2) 대체(backup)가 가능하게 하는 높은 수준 과잉

　(3) 권위의 분산, 강한 조직 문화, 상시 훈련을 통해 오류 감소

　(4) 예견과 시뮬레이션으로 보충된 시행착오를 통해 조직 학습

정상 사고 이론과 고신뢰 이론은 조직론의 관점에서 위험관리의 한계를 다루고 있다. 정상 사고 이론이 시스템에 내재한 사고의 필연성에 초점을 두고 있다면 고신뢰 이론은 관리 조직의 신뢰성 확보와 지속을 통한 고위험 기술의 관리 기법에 초점을 두고 있다. 두 이론은 사고의 예방과 위험관리의 가능성에 관해서 비관론과 낙관론의 대표 주자로 평가받고 있다. 두 이론은 상호 보완적인 측면도 있으나 대립적인 측면도 있다(강윤재, 2007).

위험에 대한 인식을 이해하자

　민주주의 사회에서 국민의 위험 인식을 이해하는 것은 위험을 관리하는 데 있어 매우 중요한 문제다(Slovic et. al, 1982; Slovic, 1993; Renn, 1998). 정책적인 측면에서 보면 일반인들의 위험 인식에 대한 명확한 이해 없이는 좋은 의도를 가진 정책도 위협의 부정적인 영향을 완화하는 효과를 거두기 어렵다(Slovic, 1987). 예를 들어 사람들이 재난의 위험에 대해 어떻게 생각하고 행동하는지 알지 못한다면 어떤 재난보험이 효과가 있는지 알기 어렵다(Slovic et al., 1982). 잘못된 위험 인식에 근거하여 사소한 위험을 줄이기 위해 많은 예산을 사용한다면 더 많은 국민이 위험에 처하게 될 수 있다(Renn, 1998). 정해진 예산을 국민들이 가장 위험한 영역에 투입한다면, 국민들에게 돌아가는 효용은 매우 클 것이다(Renn, 1998). 따라서 안전과 보건에 관한 정책을 입안하는 정책 결정자는 국민이 위험에 대해 생각하고 반응하는 것을 이해할 필요가 있다(Slovic, 1987).

　규제에 따른 예상치 않은 부작용을 경제학자들은 '펠츠만 효과(Peltzman Effect)'라고 부른다. 1975년 시카고대학교의 경제학자 샘 펠츠만(Sam Peltzman) 교수는 「자동차 안전 규제의 효과(The effects of

automobile safety regulation)」라는 논문에서 안전장치를 법적으로 의무
화함으로써 고속도로에서의 운전자 사망률은 낮아졌으나 보행자 등
운전자가 아닌 이들의 사망률은 오히려 올라갔다고 주장한다. 운전자
가 안전띠를 매면 사고가 났을 때 크게 다칠 위험이 줄어든다. 이러한
이유로 난폭한 운전이 늘고 결과적으로 보행자 사고가 증가하는 경향
이 있으며, 이에 따라 이에 따라 전체 교통사고 사망자 수는 감소하지
않았음을 발표했다. 고의로 다른 사람을 다치게 하려는 사람은 극히
드물지만, 안전띠 장착 의무화처럼 단순해 보이는 조치도 사람들의
위험 인식에 영향을 줘서 의도치 않은 결과로 이어질 수 있다는 것이
다. 물론 이 이론은 매우 논란이 심하고 1970년대 자동차 안전 표준이
수만 명의 생명을 구했다는 연구 결과도 있다(Graham, J. D., & Garber,
S., 1984). 그러나 '펠츠만 효과'는 정책 결정자가 국민의 위험에 대한
인식을 이해해야 한다는 것을 보여 주는 의미로도 해석할 수 있다.

　정부의 정책은 아니지만 사고가 의도하지 않은 새로운 위험 인식을
만들어 낼 수 있다는 사례도 있다. 9.11 테러 직후 테러에 대한 공포로
비행기 여행 대신 자동차 여행에 나서는 미국인들이 늘어났다. 특히 세
계무역센터가 위치한 뉴욕시 인근 지역과 뉴욕에서 멀리 떨어져 있지
만, 비행기 여행을 자동차 여행으로 바꾸는 데 필요한 인프라가 잘 갖
추어진 중서부 주에서 자동차 교통량이 급격하게 증가했다. 교통량 증
가에 따라서 통계적으로 9.11 테러 이후 12개월 동안 1,600건의 사망 관
련 교통사고가 증가했다(Max-Planck-Gesellschaft, 2012). 결국 테러가 비
행기 여행에 대한 위험 인식에 영향을 미쳐 자동차 운행을 증가시켰고,
이로 인해 추가로 많은 교통사고가 발생함으로써 사망자가 증가했다.

　위험을 관리하는 첫걸음은 이러한 사회적 위험의 인식 변화와 이로
인한 사람들의 행동을 이해하는 것에서 시작한다.

chapter
─────
05

그린스완(Green Swan)

'블랙스완(black swan)'이라는 용어는 2008년 글로벌 금융위기 직전인 2007년에 금융 교수이자 작가인 나심 니콜라스 탈레브(Nassim Nicholas Taleb)가 『블랙스완(black swan)』이라는 책을 쓰면서 유명해진 개념이다. 오래전에 호주에서 사람들이 한 마리 검은 백조를 발견했다. 이 단 한 번의 관찰로 수백만 마리의 백조를 목격한 수천 년에 걸친 일반적인 진술을 무효로 만들 수 있다. 필요한 것은 오직 한 마리의 검은 새이다. 탈레브(Taleb)는 블랙스완을 (1) 매우 드문 이상치(outlier)이고, (2) 극단적인 영향(extreme impact)을 가져오며 (3) 이상치이기 때문에 일이 일어난 이후에서야 일어난 일에 관해 설명할 수 있고 예측할 수 있다고 설명한다(Taleb, 2007).

녹색 백조를 뜻하는 '그린스완(green swan)'은 기후 관련 위험으로 블랙스완과 같이 발생 가능성이 극히 낮고, 일단 발생하게 되면 극단적인 영향이 있으나 발생 가능성이 어느 정도 예견된 사건을 의미한다(노도현, 2020). 블랙스완은 주로 실물·금융경제에 영향을 미치지만, 그린스완은 인간의 삶에 직접적인 환경과 생태계를 변화시킨다(Silva, 2020).

유엔 산하 기후 변화에 관한 정부 간 협의체(IPCC)는 2021년 기후 변화에 대한 포괄적인 분석을 담은 보고서를 발간했다. 보고서는 기후 변화는 가능성이 아니라 상수라고 말한다. 인간이 온실가스를 더 배출할수록 지구 온도는 오르고, 온도가 오르면 기후 시스템에 이상이 생겨 기후도 더욱 나빠지게 된다(IPCC, 2021). 지구 온도가 상승할수록 불볕더위나 가뭄, 폭우, 홍수 등이 더욱더 잦아지고 심해질 것이다(IPCC, 2021). 인간 활동으로 발생한 온실가스가 최근의 이례적인 폭우, 가뭄, 열대 태풍 및 불볕더위, 가뭄, 산불 등에 영향을 미치고 있다는 증거는 더욱더 명확해졌다(IPCC, 2021).

IPCC 보고서에 따르면, 현재(2011~2020) 지구 평균 온도는 산업화 이전보다 1.09℃ 상승한 상태이고 대기 중 이산화탄소 농도(410ppm)는 200만 년 만에 최고 수준으로 높아졌다. 탄소중립을 실현하지 않으면 지구 온도는 계속 올라갈 수밖에 없다. 온난화를 멈추려면 이산화탄소 순배출량 제로(net-zero) 이상의 성과가 필요하다. 온실가스 감축에 성공하지 못하면 섭씨 1.5도 상승 목표를 위해 남은 탄소 예산은 2030년에 소진된다(IPCC, 2021). UN 구테흐스(António Guterres) 사무총장은 "모든 회원국이 합의한 섭씨 1.5도 상승이라는 목표를 맞추지 못하고 있다."라며, "과학은 섭씨 1.5도를 넘어선 어떤 수치도 재난이 될 것이라는 점을 제시하고 있다."라고 강조했다(2021.11.13).

세계경제포럼(WEF)의 「글로벌 위험 보고서(The Global Risks Report 2021)」에 따르면, 향후 10년 이내에 발생 가능성이 큰 위험 요인으로 극단적인 기상 현상이 1위, 이어서 기후 변화 대응 실패, 인간이 초래한 환경 피해, 감염병, 생물 다양성 감소가 뒤를 이었다. 1위부터 5위까지 모두가 기후 변화와 직간접적인 관련이 있는 사항이다.

과학자들이 보고 있는 지구의 현재 모습은 매우 심각하다. 기후 변화는 더 이상 대처를 미룰 수 없는 그린스완이다. 그린스완의 충격은 환경에 미치는 피해로 되돌릴 수 없다(Silva, 2020). 코로나19 팬데믹으로 전 세계 경제활동이 위축되면서 이산화탄소 배출량이 감소했다는 사실은 국제 협력을 통해 기후 변화에 대응할 필요성을 환기시켜 주고 있다. 현재의 위기를 극복하고 새로운 그린스완의 위험에 대응하기 위한 미래 지향적이고 광범위한 시나리오 접근에 따른 위험관리뿐만 아니라, 즉각적인 조치와 국제적인 협력이 필요하다. 코로나19가 가져온 위기를 낭비하면 안 된다(Silva, 2020).

기후 변화의 가장 큰 피해자는 기후 변화에 책임이 가장 적은 사람들이다. 기후 변화로 인한 피해는 화석연료를 거의 사용하지 않은 지역이나 국가에서 더 크게 발생하고 있다. 기후 변화의 불평등이다. 탄소 배출의 책임이 큰 국가에서 더욱 책임 있는 모습을 보여야 할 때이다.

주요 선진국은 기후 변화 대응을 위한 국제 질서를 주도하기 위해 탄소중립(carbon neutrality)을 선언하고 온실가스 감축 정책을 적극적으로 추진하고 있다. 유럽연합(EU)은 2050년 탄소중립을 법으로 명시한 '기후기본법'을 제정했다. 미국은 2035년까지 탄소 무공해 전력을 달성하고 2050년까지 탄소 순배출 제로인 탄소중립 도달 목표를 밝혔다. 우리나라도 2021년 10월 '2050 탄소중립위원회(탄소중립녹색성장위원회)'가 2030년 국가 온실가스 감축 목표(NDC)를 2018년 온실가스 총배출량 대비 40% 감축으로, 기존 26.3% 감축에서 대폭 상향하는 방향으로 제안하였다(2050 탄소중립위원회, 2021.10.18). '2050 탄소중립 시나리오'와 관련해 '순배출량 0' 목표를 제시했다. 그간 국제 연구기관들은 한국을 "기후 변화 악당 국가"로 지목해 왔다(김기범, 2016.11.6). 한국을 사우디 아라비아, 호주, 뉴질랜드와 함께 기후 악당 국가로 평가한 주요 이유는 1인당 온실가스 배출량의 가파른 증가 속도 때문이다(김기범, 2016.11.6).

전문가들은 기후 변화를 지금까지 가장 큰 시장 실패라고 주장한다(조천호, 2019). 외부 불경제 효과를 포함하면 화석연료의 가격은 너무 낮게 책정되어 있다고 주장한다. 시장 메커니즘에 따라 이산화탄소의 배출량을 줄이기 위해 탄소에 가격을 매기는 정책이 시행을 앞두고 있다. EU 집행위원회는 2021년 7월, 2030년까지 탄소 배출량을 55% 감축하기 위한 기후 변화 대응 법안 패키지를 발표했다. EU 집행위원회는 위 패키지의 일부인 탄소 국경 조정 메커니즘을 규정하는 법안도 공개했다. 탄소 국경 조정 메커니즘은 EU로 수입되는 제품의 탄소 함유량에 EU 탄소 배출권 거래제와 연계된 탄소 가격을 부과하여 징수하는 제도로서, 시멘트, 철·철강, 알루미늄, 비료, 전기에 대해 적용하며, 2023년부터 3년의 전환 기간을 거쳐 2026년부터 본격적으로 시행될 예정이다. 우리나라는 EU에 수출하는 물량이 많은 철강과 알루미늄 관련 업계의 기업이 영향권에 있는 것으로 파악되며, 수출 물량 측면에서 주된 영향은 철강에 미칠 것으로 전망된다(산업통상자원부, 2021.7.16). 이처럼 기후 변화 위기로 주요 선진국이 계획하고 있거나 실행하고 있는 각종 규제 정책이 무역 의존도가 높은 우리나라에 부정적인 영향을 미칠 것으로 예상된다. 우리나라는 에너지 소비가 많은 제조업 중심의 산업 구조여서 에너지 소비를 줄이면서 친환경 에너지를 확대해야 하는 이중의 어려움에 직면해 있다.

이처럼 기후 위기는 멀리 있는 큰 위험이 아닌, 우리가 당면한 현실이며, 당장의 우리 삶에 영향을 주는 위험이다. '그린스완'을 이해하고 보다 적극적으로 행동할 때이다.

미래 재난

앞서 논의한 '그린스완'의 문제를 좀 더 확장하여 미래에 발생할 수 있는 재난에 대해 생각해 보자. 미래 재난은 용어 그대로 미래에 발생할 또는 발생 가능한 재난을 의미하지만, 그 이상으로 지금까지 발생한 재난과는 다소 다른 유형, 규모, 양상에 대한 의미를 내포하는 것으로 이해하는 경우가 많다. 단순한 미래 재난보다는 '미래 대형 재난', '미래 복합 재난'이라는 말과 결합하여 사용되는 경우가 빈번하다.

신유리 외(2021)의 연구에서 실시한 설문조사를 토대로 전문가들[1]이 생각하는 미래 재난은 다음과 같이 이해되고 있다:

▶ 새로운 과학기술 발전의 산물로 발생하는 재난(30%)

▶ 인류가 한 번도 경험해 보지 못했던 재난(23%)

▶ 불확실성이 높아 발생을 예측할 수 없는 재난(16%)

▶ 복합 재난으로 인하여 피해의 범위와 영향을 상정할 수 없는 재난(16%)

▶ 과거에 발생했으나 미래에도 발생할 수 있는 재난(7%)

---

[1] 한국재난정보학회, 한국방재학회, 한국화재소방학회, 한국위험물학회 전문가를 대상으로 2차례에 걸쳐 설문조사를 실사하였다.

미래 재난을 위해 대비해야 하는 연구 분야에 관한 질문에 대한 응답은 이와는 다른 양상을 보인다.

▶ 초대형 태풍과 같은 기후 변화로 인한 이상기후(49%)

▶ 신종 감염병의 출현과 급격한 확산(14%)

▶ 환경오염으로 인한 생태계 파괴(11%)

미래 재난에 대해서는 경험하지 못한, 예측하기 어려운, 새로운 형태의 위험으로 인식하는 응답이 대수인 반면, 연구 분야는 우리가 경험하고 예측할 수 있는 분야의 확장으로 답하고 있음을 알 수 있다.

행정안전부 국립재난안전연구원이 2021년 조사한 '미래 위험성이 높은 재난 유형'을 보더라도 유사한 결과를 확인할 수 있다. 이 조사에서는 42만 건의 재난 안전 관련 뉴스와 42종의 재난 관련 피해 통계를 분석하고, 376명의 전문가 의견을 조사하여 미래 위험성이 큰 재난 유형을 골랐는데, 자연 재난에서는 풍수해와 폭염, 사회 재난에서는 감염병과 미세먼지, 안전사고 분야에서는 산업재해가 선정되었다. 즉 미래 재난이라고 해서 종전에 없던 '블랙스완'과 같은 새로운 형태로만 나타나는 것은 아니다. 코로나19 또한 인류가 예상하지 못했던 블랙스완이라기보다는 이미 예상됐고 대비의 가능성이 있었던 화이트스완으로 보아야 한다는 견해(박병원, 2020)도 일견 타당해 보인다.

통계적으로 보더라도, 재난의 발생 유형이 급격하게 변화하지 않았다는 점을 확인할 수 있다. 다음의 그림은 CRED의 「2021 Disasters in Numbers」에서 인용한 것으로, 2000년부터 2020년까지 전 세계적으로 발생한 주요 재난의 연평균 발생 건수와 2021년에 발생한 재난 건수를 비교하여 보여 준다. 그림에서 확인할 수 있듯이 지난 20년간의

평균과 2021년 발생 건수 모두에서 가장 큰 비중을 차지하고 있는 재
난 유형은 홍수(flood)이다. 그다음은 폭풍(storm), 지진(earthquake) 순
으로, 우리가 오랫동안 겪어 오고 대비하고 있는 재난임을 알 수 있
다. 앞서 제시한 신유리 외(2021)의 연구나 행정안전부의 조사를 보더
라도 이 경향성이 쉽게 바뀌지는 않을 것임을 예상할 수 있다.

주요 재난 발생 현황

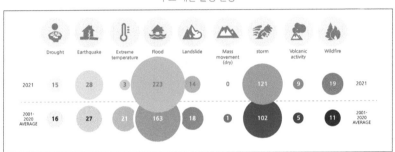

출처: Centre for Research on the Epidemiology of Disasters (2021)에서 인용

　그렇다고 '미래 재난'을 지금까지 발생한 재난이 반복적으로 일어나
는 현상으로만 이해할 수는 없다. 실제 전문가들이 '미래 재난'이라 설
명하는, 경험해 보지 못한 재난의 특성이 점차 나타나고 있기 때문이다.
　우선 앞서 '그린스완'의 문제에서 보았듯이, 과거에 발생한 재난과
같은 유형이라 하더라도, 그 범위와 강도, 그로 인한 영향력이 커질
수 있다는 점이다. 과거 이상기후 현상이라고 불렸던 재난이 빈번하
게 나타나고 있다. 우리나라에 한정해서 보더라도, 2012년도에는 제
14호 태풍 덴빈과 제15호 태풍 볼라벤이, 태풍은 서로 경로와 크기에
영향을 미친다는 후지와라 효과(Fujiwhara effect)의 영향으로 볼라벤이
먼저 한반도에 상륙한 후 이틀 이내 다시 덴빈이 상륙함으로써 큰 피
해를 준 바 있다. 2016년도에는 10월 태풍 차바로 인하여 울산 지역에

500mm가 넘는 기록적인 비로 큰 피해가 났으며, 2017년도에도 청주 지역에 4시간에 300mm의 집중 호우로 큰 피해를 본 바 있다. 이처럼 미래 재난에 대한 대비는 우선 과거에도 발생하였지만, 기후 변화와 함께 더욱 심화될 수 있는 재난의 강도와 규모에 대한 대비라고 할 수 있다. 가뭄, 폭설, 한파 등의 자연 현상들이 그간 경험했던 범위를 넘어서는 현상으로 나타날 수 있으므로 그 위험을 분석하고 그에 맞는 대비가 필요하다.

두 번째로, 앞서 전문가들이 설문에 가장 많이 응답했던 유형으로, 과학기술의 발전에 따라서 새롭게 나타나는 유형의 재난을 고려해야 한다. 다만, 이는 두 가지로 구분되어야 할 필요가 있다. 먼저 새로운 기술이 도입되고 널리 활용되면서 이로 인하여 새로운 형태의 재난이 나타날 수 있는데, 예를 들어 자율주행 자동차와 이에 신호를 보내는 시스템의 오작동으로 인한 대형 사고 발생 가능성이라든지, AI 등에 의해 조작되는 대형 비행 물체의 추락 등과 같이, 현재로서는 명확한 실체를 확인할 수 없지만, 기술 발달에 따라서 발생 가능성이 있는 재난 유형이 나타나는 것이다. 다음으로는 기존 유형의 재난이 발생하여 인프라 등에 영향을 미침으로써 후속적인 대규모 피해를 유발하는 경우이다. 흔히 Natech(Natural Disaster Triggered Technological Risk)라는 용어가 사용되는데, 자연 재난에 의해 발생하는 기술 재난 또는 자연 재난과 기술 재난이 결합된 복합 재난(오윤경, 2014) 등으로 표현할 수 있다. 이는 단순히 자연 재난에 의해 후속적인 기술 재난이 일어나는 것으로 그치지 않고, 관련된 시스템 간의 상호 연관성과 그에 따른 연쇄적 효과로 재난의 위험성과 피해가 커진다는 것이다(오윤경, 2014). 홍수로 인한 전력 시설의 마비, 그리고 그로 인해 발생하는 사회적 혼란을 생각해 볼 수 있고, 지진 발생 이후 유해 화학물질이 산업 설비로부터 유출되는 현상을 생각해 볼 수도 있다. 이는 자연 재난에 한정된 현상이 아니다. 우리는 이미 2018년 KT의 아현지사 화재로 주변의 통신 마비와 함께, ATM의 현금 인출 불능, 신용카드 결제 불능, 인터넷 기반 사업의 마비 등 화재로 인한 파급 효과가 얼마나 확대될 수 있는지를 경험한 바 있다. 이는 재난의 복잡화의 큰 줄기로서, 지진과 같은 재난은 초연결 사회의 성격과 결합하여 국가 기반 시설의 마비 등을 초래할 수 있고, 이는 거대 재난(Catastrophe)을 초래할 수 있게 된다(장대원, 2018).

마지막으로 사회적·경제적 환경의 변화, 사람들의 인식 변화로 인하여 새롭게 재난으로 인식되는 과제들이 나타날 수 있다는 점이다. 가뭄, 폭염, 한파와 같은 자연 현상들은 인명 피해를 일으키는 재난 위험이 될 수 있을 뿐 아니라 경제활동, 보건, 농축산 등 사회 전반에 영향을 미쳐(장대원, 2018), 비록 인명 피해가 발생하지 않는 경우라 하더라도 재난과 같은 피해를 초래할 수 있다. 고령화가 진행될수록 같은 자연 현상에 의해서도 인명 피해가 확대될 수 있으므로 더욱 민감한 문제가 될 수 있다. 정전으로 인해 엘리베이터에 장시간 갇혀 상해를 입는 사람이 발생한다거나, 어린이가 통학 중에 교통사고가 발생한다거나 하는 것은 우리 사회에서 더 이상 단순한 '불운'으로 취급할 수 없으며, 시스템의 문제이자 사회의 책임이라는 인식이 강해지고 있다.

이렇듯 미래 재난은 단순히 과거 재난의 연장도 아니고, 완전히 새로운 형태의 재난만을 의미하는 것도 아니다. 우리가 미래 재난에 대비하기 위해서는 이 문제에 대한 인식을 제고하고, 재난과 기술적 요소들이 상호 연계되어 있음을 이해하고 이를 대비해 나가도록 하는 제도적인 정비와 상호 교류가 필요하다(오윤경, 2014). 발생 가능한 재난에 대한 다양한 시나리오를 개발하고, 이러한 위험을 감지하고 분석할 수 있는 다양한 모니터링과 정보 수집을 위해 노력해야 하며(장대원, 2018), 기존의 재난관리 체계와 제도를 변화하는 환경에 맞추어 나가고자 하는 인식과 노력이 요구된다.

chapter

07

국가적 위험: '안보' 개념의 확장

　우리는 일반적으로 '안보'라 하면, 국가적 차원의 위험으로부터 보호를 받는 상태를 떠올린다. 두 차례 세계대전을 거치면서 세계는 인간이 살아가는 데 가장 핵심적인 조건이 국가 안보라는 생각을 가지게 되었고, 이것이 냉전 구조 속에서 군사적 절대 안보의 개념으로 발전했다. 군사적 위협과 대응을 전제로 한 절대 안보의 개념이 전통적 안보의 핵심이었으며, 냉전기 세계 질서에서 국가 안보의 핵심을 차지하고 있었다. 이러한 전통적 안보의 개념은 냉전이 끝나고 군사적 위협이 완화되면서 변화하기 시작한 것이다(정한범, 2020).

　탈냉전기 국가 안보에 관한 연구는 다양한 이슈를 다루었다. 탈냉전기 국가 안보는 기존의 군사적 안보에 더해서 인간의 안위와 자유, 존엄성에 대한 도전과 환경과 같은 생태적 위협에 대응하는 것으로 그 개념이 확장되었다. 1970년대 오일 쇼크나 국가 내부의 혁명운동, 테러리즘, 대량 살상 무기의 확산 등과 같은 안보 이슈들이 등장하게 되었고, 최근에는 기후 변화와 감염병 문제, 그리고 희소 자원의 확보, 인신매매 등과 같은 비군사적 문제도 안보의 중요한 이슈로 등장하고 있다(정한범, 2020).

냉전의 해체는 전통적 안보 개념을 변화시키는 전환점이 되었다(이규창 외 2020). 물리적 전쟁 등 군사적 위협이 점차 줄어들게 되면서 인간의 삶을 직간접적으로 위협하는 식량, 에너지, 환경, 보건, 테러 등 다양한 요인에 관한 관심이 증가했다(이규창 외 2020). 냉전의 해체를 전후로 군사 안보 중심의 전통적 안보 연구를 탈피하고자 하는 비전통적 안보 연구는 연구 분야와 영역의 확장 및 다양한 안보 개념을 만들어 냈다(정한범, 2020). 비전통 안보는 전통적 안보와는 차별화된 개념으로 안보 주체로서의 국가 중심성, 안보 영역의 군사 중심성으로부터 자유로운 개념으로 이해할 수 있다. 포괄 안보와 인간 안보 개념은 안보 영역의 확대라는 차원에서 이해할 수 있다(이수형, 2020). 우리나라에서도 전통적 안보 개념을 확대하며, '포괄 안보'의 개념을 통해 재난을 비롯한 국가적 위기 상황을 종합적으로 다루는 체계를 갖추고 있다.

포괄 안보(comprehensive security)는 기존의 군사적 영역뿐만 아니라 정치, 경제, 환경, 사회, 문화 등 다양한 분야를 포괄한다(정한범, 2020). 경제 안보는 복지와 국력을 적절한 수준으로 유지하는 데 필요한 자원, 금융 및 시장의 접근에 관한 것이며, 환경 안보는 모든 인간이 만든 기구들이 의존할 수 있는 기본적 지원 체계로서 지역과 지구 생태계의 유지를 연구하는 것이다. 경제 안보와 환경 안보는 행위 주체를 국가로 설정했을 경우 에너지·자원 안보와 밀접한 관계가 있다고 볼 수 있다. 비전통적 안보 개념의 중요 요소 중 하나가 사이버 안보이다. 사이버 안보 개념은 정보 혁명의 영향으로 인간 삶의 양식이 기존의 산업사회에서 정보사회로 이행되는 과정에서 나타나는 문제점을 안보의 관점에서 해석하는 것이다(이수형, 2020).

코로나19 팬데믹이 촉발한 세계적 위기로 인해 보건 안보의 중요성도 주목받고 있다(정한범, 2020). 코로나19 팬데믹은 인간 안보에 대한 위협이 전통적 안보에 대한 위협보다 인류에 훨씬 더 치명적일 수 있음을 보여 주고 있다(이규창 외 2020). 세계보건기구(WHO)는 글로벌 공중보건 안보(Public Health Security)를 "지리적 지역과 국경을 넘어 사람들의 건강을 위협하는 극심한 공중보건 사건의 위험과 영향을 최소화하기 위해 사전 예방적 및 사후적 모두 필요한 활동"으로 정의하고 있다(WHO 누리집).

인간 안보는 인간 자체가 안보의 대상이라는 것으로 1994년 유엔개발계획(UNDP)에 의해서 정립된 개념이다(정한범, 2020). 인간 안보는 개인과 사람을 안보의 대상으로 간주하면서 안보 가치의 보편성을 강조한다(이수형, 2020). 인간 안보는 인간 생활의 다양한 영역(정치, 경제, 환경, 사회 등)에 걸쳐 인간의 삶에 위협이 되는 모든 것을 안보의 관점에서 해석하고 있다. 따라서 인간 안보는 안보 영역에 있어서 가장 광범위하고 포괄적인 개념으로 정치 안보, 군사 안보, 경제 안보, 사회 안보, 환경 안보, 보건 안보 모두를 포함하고 있으므로 어떤 의미에서 안보 영역의 극대화 논리라 할 수 있다(정한범, 2020).

PART 2

재난의 관리

chapter

01

재난관리의 4단계

일반적으로 재난을 관리하기 위한 기능은 예방, 대비, 대응, 복구의 4단계로 분류된다. 우리나라의 「재난 및 안전관리 기본법」 제3조에서도 "재난관리를 재난의 예방·대비·대응 및 복구를 위해 하는 모든 활동"으로 정의하고 있다.

페탁(Petak, 1985)은 재난 이전 단계를 예방(mitigation)과 대비(preparedness)로, 재난 이후 단계를 대응(response)과 복구(recovery)로 구분하여 단계마다 연방 정부, 주정부, 지방정부의 역할과 책임이 있음을 설명하고 있다. 재난관리 기능을 분류하는 것은 그 활동을 구분하고 개념화하는 데 효과적이다(정종제 외, 2017).

미국에서 재난의 예방 활동은 인명과 재산에 피해를 줄 수 있는 장기적인(구조적인) 위험을 줄이는 활동인 건축법규, 보험, 토지 구역 제도, 안전 규제, 조세 인센티브, 댐과 제방 건설 등을 포함한다(정종제 외, 2017; Petak, 1985; McLoughlin, 1985). 이에 반해 우리나라는 단기적인 조치라고 볼 수 있는 위험 요인에 대한 일반 시민의 신고, 안전 점검, 평가, 실태 공시 등도 중요한 예방 활동에 포함하고 있다.

대비는 재난이 발생했을 때 대응 기관이 효과적으로 대응할 수 있도록 평상시에 준비하는 것이다. 위기관리 매뉴얼의 준비, 교육과 훈련, 재난 자원의 확보, 통신 수단의 확보 등이 포함될 수 있고 무엇보다도 위험 요소를 확인하기 위한 정보와 감시 활동도 대비에 포함될 수 있다(정종제 외, 2017).

대응은 인간의 생명을 구하고 환경과 재산을 보호하며, 이차적인 피해의 가능성을 줄이고 인간의 기본적인 요구를 충족하기 위한 즉각적인 활동으로 피해자 대피, 위기관리 매뉴얼의 시행, 위기 경보의 발령, 재난 사태의 선포, 필요한 자원의 동원 선포 등의 활동을 의미한다(정종제 외, 2017; Petak, 1985; McLoughlin, 1985).

복구 활동은 단기적으로는 생명을 유지하는 데 필요한 서비스를 제공하고 장기적으로는 재난으로 발생한 피해를 복구하여 정상 상태로 복귀하도록 하는 활동으로 잔해 제거, 오염 통제, 정부 기능과 서비스의 재구축, 주택과 시설의 복구 등이다(정종제 외, 2017; Petak, 1985; McLoughlin, 1985).

일반적인 생각으로는 예방, 대비, 대응, 복구가 순차적으로 이루어지는 것으로 생각하기 쉽다. 그러나 각 단계의 활동은 중첩되기 때문에 각 단계의 구분이 명확하지는 않다. 복구 사업은 예방의 요소를 가지고 있으며 많은 경우 예방 활동은 대형 재난의 복구 단계에서 실행된다(정종제 외, 2017). 예를 들어 홍수로 손상된 제방을 복구하게 되면 원래 제방보다 더 강화된 기준에 따라 복구하게 된다. 재난에 대응하는 과정에도 복구 과정의 요소들이 포함되어 있다. 홍수로 발생한 폐기물을 처리하는 것은 복구 활동의 일부로 볼 수 있다. 이러한 복구 활동을 항구 복구와 구별해서 응급 복구라는 개념으로 설명하기도 한다. 미국 뉴욕주의 포괄적 재난관리계획(NYS Comprehensive Emergency Management Plan)은

대응 및 응급 복구를 하나의 계획으로 작성하고 있다(정종제 외, 2017).[1]

미국 연방정부는 예방 단계의 활동을 예방(prevention)과 경감(mitigation)으로 구분하여, 5가지 기능으로 분류하고 있다(FEMA, 2010). 예방, 경감(mitigation, prevention)과 대비(preparedness)는 사건이 발생하기 전부터 복구가 완료되기까지 상시 이루어지는 과정이고, 대응(response)은 사건이 발생하기 직전부터 발생한 직후까지 계속되는 과정으로 보고 있으며, 복구(recovery)는 사건이 발생한 이후부터 시작된다(FEMA, 2010). 맥로린(McLoughlin)도 대응이 재난 발생 이전, 진행 중, 또는 직후에 이루어지는 활동이라는 것을 명시하고 있다(McLoughlin, 1985). 태풍을 예로 들어 보면, 태풍이 우리나라에 오는 것과 관계없이 피해를 예방하기 위한 활동은 계속된다. 심지어는 태풍이 우리나라를 지나가고 있는 과정에도 예방 활동은 계속된다. 대비 활동도 마찬가지다. 그러나 대응은 다르다. 태풍이 우리나라에 가까이 다가오는 시점부터 대응이 시작되어서 우리나라를 지나가고 응급 복구가 이루어지는 과정까지를 대응의 과정이라고 본다. 태풍으로 피해가 발생하기 시작하면 태풍이 우리나라를 지나가기 전이라도 복구가 시작된다.

---

1) 위험 예방계획(State Hazard Mitigation Plan), 대응 및 응급 복구계획(Response and Short-term Recovery Plan), 항구 복구계획(Long-term Recovery Plan)으로 구성되어 있다(정종제 외, 2017).

chapter

___

02

통합적 재난관리

단계별 기능을 포괄하는 재난관리 체계는 '통합적 재난관리 시스템 (Integrated Emergency Management System, IEMS)' 프레임워크에 바탕을 두고 있다. 통합적 재난관리 시스템(IEMS)은 '통합 위협 요인 모델 (All-Hazards Model)'을 구체화한 것으로(FEMA, 2010) 통합적 재난관리 시스템과 통합 위협 요인 모델은 강조하는 바는 다르지만 같은 개념 으로 이해할 수 있다.

통합 위협 요인 모델(All-Hazards Model)은 모든 재난과 비상 상황에 대한 일반적인 과정과 기능이 존재한다는 아이디어에 기초를 두고 있 다(정종제 외, 2017). 이 모델은 넓은 범위의 비상사태와 재난에 대비하 는 데 중요한 역량과 능력 개발에 중점을 둔다. 다시 말해, 가능한 각 각의 위협을 세부적으로 다루지는 않지만, 시스템 차원에서 광범위 한 비상사태와 재난에 대처할 수 있는 능력을 갖추는 것을 강조한다.

통합적 재난관리 시스템(IEMS)도 재난관리에 있어 일반적인 공통 과정과 기능이 있다고 본다(McLoughlin, 1985). 예를 들어 지진에 대응 하고 대비하는 과정이 폭발 사고나 테러리스트들의 폭파에 대비하고 대응하는 과정과 비슷하다는 것이다(정종제 외, 2017). 따라서 재난관리

자는 독립적이고, 재난별로 특화된 프로그램을 사용하는 것이 아니라, 공통된 기능을 통합적으로 관리함으로써 좀 더 유연하고 비용을 절약하는 방법으로 재난관리 활동을 수행할 수 있다(정종제 외, 2017). 또 다른 이점은 한 가지 형태의 사건에서 얻은 교훈과 그 대비 과정을 다른 형태의 재난 시나리오에 적용할 수 있다는 점이다(정종제 외, 2017). 통합적 재난관리 시스템(IEMS)은 재난 발생 시 대응의 공통적 요소를 강조하는 개념이지만, 예방, 대비, 복구 활동도 중요한 구성 요소로 포함함으로써 특정 유형의 재난별 고유한 요소도 인정한다고 볼 수 있다(McLoughlin, 1985).

통합적 재난관리 시스템(IEMS)은 '전체 지역사회 대비(Whole Community Preparedness)' 개념과도 밀접한 관련이 있다(FEMA, 2010). 최근 재난은 빈번하게 발생하고 있고, 피해는 더욱 커지고 있다. 대규모 재난이 발생하면 정부의 자원과 능력이 압도될 수 있다(OECD 누리집). 따라서 전통적인 정부 중심의 접근 방식의 재난관리로는 재난으로 야기된 문제를 해결하기 어렵다(FEMA, 2011). 따라서 재난에 대비하려면 지역사회 중심의 관리 접근 방식이 필요하다(OECD 누리집). 재난관리에 대한 '전체 지역사회 접근(A Whole Community Approach)'은 재난에 대응할 때 모든 수준의 정부와 지역사회 및 개인을 참여하게 한다(OECD 누리집). 2012년 미국 연방재난관리청(FEMA)은 모든 수준의 정부를 조정하고 개인의 대비를 강화하며 지역사회 구성원을 미국의 회복력과 안보를 강화하기 위한 중요한 파트너로 참여시키는 '전체 지역사회 재난관리 전략'을 도입했다(OECD 누리집).

이 전략은 다음과 같은 목적을 같고 있다.

(1) 복원력과 안전을 강화하는 데 중요한 파트너로서 지역사회 구성원의 참여

(2) 재난관리에서 더 나은 결과 달성

(3) 재난에 대한 개인의 대비 강화

우리나라는 공식적으로는 '전체 지역사회 접근'이라는 용어는 사용하고 있지 않고 있지만, 정부 최고위급 재난관리 책임자의 기고문이나 언론 인터뷰를 살펴보면 정부의 힘만으로 국민의 안전을 보장하기 어렵고, 지방자치단체의 역할 강화와 민간의 자율적인 참여가 필요하다는 것을 지속해서 강조하고 있다.

chapter 03

Resilience는 무엇인가?

　세골렌 루아얄(Ségolène Royal) 프랑스 환경부 (전)장관은 2015년 유엔 기후 변화 회의[2]에서 resilience라는 단어를 소개하였다. 루아얄 장관은 resilience가 "심리학자들에 의해 개발된 인간의 스트레스와 역경에 대한 적응 능력"이라고 하면서 "수백만 명의 사람들이 매년 홍수와 태풍, 폭풍으로 고통을 받는 지금, 이를 기후 변화에서 사용하는 것은 전혀 이상한 것이 없으며 resilience는 포괄성, 협력, 책임성, 예방의 중심에 있는 가치"라고 발언했다(Brigitte Leoni, 2015). 이후 resilience는 지속 가능 개발(sustainable development)과 함께 UN을 포함한 국제사회가 추구하는 주요 행동들의 기준이 되고 있다. 하지만 지속 가능 개발은 환경과 미래 세대 등을 고려한 개발이라고 이해되는 반면, resilience는 어떠한 개념인지 쉽게 와닿지 않는다. 전 세계가 관심을 두고 여러 해가 지났음에도 여전히 다소 모호한 느낌마저 든다. 재난 전문가라고 예외는 아닌 듯하다.

---

2) 동 회의에서 파리기후변화 협약이 채택되었다.

Resilience는 '회복력', '복원력', '리질리언스', '탄력성', '도시 방재력' 등으로 번역되어 사용되고 있는데, 이 중 가장 많이 사용된 용어는 복원력이다(김승호 외, 2018).

Resilience는 '다시 뛰어오르다'라는 의미의 라틴어 resilio에서(Klein et al., 2003: 허아랑, 2016에서 재인용) 또는 '되돌아가다'라는 의미의 resilire에서(김승호 외, 2018) 유래되었다. Resilience의 사전적 정의를 찾아보면, '제 모양이나 위치로 돌아가도록 반응하는 능력', '빠르게 회복하는 능력', 물리적으로 훼손되었을 때 제 모양을 찾을 수 있는 잠재적 에너지' 등으로 정의하고 있다. 이러한 사전적 의미만을 놓고 보면 재난에 있어 resilience는 (1) 재난 이전의 상태로, (2) 빠르게, (3) 회복하는 능력으로 생각할 수 있다.

조금 복잡할 수는 있으나 resilience에 대한 몇몇 정의를 살펴보자. UN 재해경감사무국(UNDRR)은 resilience에 대해 "위험 요인에 노출된 어떠한 체계, 공동체, 사회가 시의적절하고 효율적인 방법으로 이 위험 요인에 저항하고, 이를 흡수하고 적응함은 물론, 빠르게 복구하는 능력을 말하며, 이는 위기관리를 통한 필수적인 생활 요소와 기능의 유지를 포함한다."라고 정의하고 있다. 재난관리를 연구하는 학자마다 resilience를 다르게 정의하고 있는데, 한두 가지의 예를 살펴보면, 노리스 외(Norris et al., 2008)는 resilience는 "서로 연계된 적응 역량의 집합이며, 안정화된 상태와 같은 적응의 결과가 아니라 적응해 가는 과정"으로 보고 있다. 로딘(Rodin, 2014(a))은 "재난으로 인한 붕괴를 막는 시스템, 재난 쇼크와 스트레스로부터 회복하는 역량, 재난으로부터 배우고 성장하는 역량"으로 정의하고 있다.

그렇다면 resilience라고 하는 역량이나 능력, 또는 시스템이 갖추어져 있으려면 어떤 요소들이 필요할까. 학자마다 약간의 다른 점은 있지만, 외부의 충격을 견딜 수 있는 능력, 경제의 발전과 자원 동원 능력, 신속한 복구 능력, 기반 시설의 적응 및 회복 능력, 또한 공동체가 가지고 있는 소통과 협력 등의 사회적 자본이 필요하다는 점을 확인할 수 있다.

Resilience의 속성

Norris et al.(2008)	(1) 경제 발전 (2) 사회적 자본 (3) 정보와 의사소통 (4) 지역사회 경쟁력의 네 가지 적응 역량과 그 연계성 강조
Bruneau et al.(2003)	(1) 스트레스를 견딜 수 있는 견고성(robustness) (2) 적시적 목적 달성을 위한 신속성 (3) 자원의 대체 가능성으로서의 가외성 (4) 필요한 자원 동원 역량을 그 속성으로 제시
Rodin(2014(a))	(1) 인지 (2) 다양성 (3) 통합성 (4) 자체적 규제 (5) 적응성

다시 본론으로 돌아와서 resilience는 그래서 무엇인가. 앞서 언급한 resilience의 정의와 구성 요소를 종합하여, resilience를 이해할 수 있도록 그 특징을 제시해 보고자 한다.

첫째, resilience는 능력(ability) 또는 역량(capability)을 강조한 개념이다. 재난을 관리하는 주체인 개인, 공동체, 지역사회, 국가의 역량에 초점을 맞추고 있으며, 이러한 역량은 장기적인 계획과 투자를 통해서 증대될 수 있다(resilience building).

둘째, resilience는 신속한 복구에 한정되지 않고, 예방, 대비, 대응, 복구의 재난관리 전 과정에서 발휘되며(Rodin, 2014), 그 결과물이 아닌 과정(Norris et al., 2008)에 주목한다. 또한, 이러한 역량은 순차적이 아니라, 예방에 대한 역량이면서도 동시에 대응과 복구의 역량이기도 하다(Rodin, 2014(a)).

셋째, resilience는 네트워크, 연계와 협력을 필수적인 요소로 한다. Resilience의 각 속성은 독자적일 때보다 서로 연계되어 힘을 발휘하게 된다. 지하 주차장을 건설하면서 공간의 효율적 설계 능력과 침수 예방 능력, 그리고 이를 고려한 상층부 녹색 공간(투수층) 조성 노력 등을 통해 resilience를 갖춘 지하 주차장을 만들 수 있다(Rodin, 2014(b)). 재난이 발생했을 때는 물론, 이를 예방하는 과정에서 중앙부처와 지방자치단체, 경찰과 소방, 군 병력 등이 연합하여 훈련하고 소통을 하는 이유이기도 하다.

마지막으로, resilience는 우리가 흔히 말하는 재난관리의 영역에 한정되지 않는다. Resilience는 가장 기본적인 요소로 경제적인 발전과 구성원의 인구 통계적인 특성, 구성원 사이의 신뢰와 소통 등의 사회적 자본의 형성이 요구된다. 다시 말해, resilient한 사회가 되기 위해서는 재난관리와 관련된 제도와 정책을 발전시키는 것뿐 아니라 사회가 가지고 있는 사회적, 경제적, 인구 통계적인 취약성을 보완해야 한다. 또한, 사회 구성원들의 신뢰와 통합 또한 resilience에 없어서는 안 될 요소라 하겠다.

Resilience가 소개된 초창기에는 원상 회복과 신속한 복구에 초점을 두고 이를 해석하던 경향이 있었고, 이로 인하여 조금 더 이해하기 어려운 측면이 있었다. 특히 재난관리 실무에서 resilience를 정책적으로 구현하는 업무를 담당하는 공무원에게는 신속하고 더욱더 향상된 상태를 추구한다는 의미로서의 새로운 복구 개념 정도로 인식되기도 하였다. 그러나 resilience는 하나의 정책이나 분야이기보다는 정책의 목표이고 지향점이다. 재난의 전 과정에서 발휘될 수 있는 연계된 역량이며, 이는 사회의 발전과 궤를 같이한다고 할 수 있다.

Resilience 또는 resilient한 사회가 명확히 와닿지 않는다면, 우리가 경험한 코로나19 대응 과정을 생각해 보자. 앞서 제시한 UNDRR의 resilience 정의에 대입하여, 우리가 코로나19에 시의적절하고 효율적으로 대응하기 위해 어떠한 조치가 취해졌으며, 코로나19의 충격을 흡수하고 적응하며 빠르게 복구하기 위해 어떤 사회적 능력이 요구되었는지, 그리고 이 과정에서 필수적인 생활 요소와 기능의 유지를 위한 노력은 무엇이었는지를 떠올려 본다면, resilient한 사회의 모습을 그려볼 수 있을 것이다.

비번인 소방관은 왜 자주 시민을 구하나?

　종종 비번인 소방관이나 경찰관이 심폐소생술로 사람을 살리고, 화재를 초기에 진압하고, 물에 빠진 사람을 구조했다는 소식이 TV 뉴스와 신문에 보도된다. 당연한 것 같지만 왜 비번인 소방관이나 경찰관이 자주 사람을 구할까?

　우리는 흔히 집에 불이 나면 소방관이 와서 불을 꺼 줄 것으로 생각한다. 실제 그렇다. 119번에 신고하면 소방관이 와서 불을 끈다. 그러나 우리가 미처 생각하지 못하는 것이 있다. 소방관이 와서 불을 끌 때까지는 시간이 걸린다는 것이다. 소방관이 화재 신고를 받고 3분 이내에 화재 현장에 도착하는 사례도 매우 많지만, 화재 현장이 소방서에서 멀거나 출동로가 좁아 소방차 진입이 어려울 때는 현장 도착에 30분 이상이 걸리기도 한다(소방청, 2021). 2020년 소방대원의 화재 현장 도착 시간대별 통계를 보면, 38,659건의 화재 중에서 3분 이내 도착 17.6%, 5분 이내 도착 37.1%, 10분 이내 도착 32.4%, 20분 이내 도착 11.4% 등으로 분석되었다(소방청, 2020). 현장 도착 시간이 비교적 긴 30분 이상인 경우(138건)는 매우 적지만 주거 시설(21.7%), 임야(19.6%), 자동차·농기계·건설기계 화재(10.9%) 등에서 그런 경우가 나타나고 있다(소방청, 2021).

사상자 2,282명에 대한 화재 현장 도착 시간대별로 보면 3분 이내 352명(15.4%), 5분 이내가 817명(35.8%), 10분 이내가 850명(37.2%), 20분 이내 236명(10.3%) 등의 순으로 나타나고 있다(소방청, 2021). 화재의 종류와 규모, 장소 등이 다르지만 소방관의 도착 시간 비율과 사상자 발생을 비교해 보면 소방관이 일찍 도착하였을 때 사상자가 덜 발생하는 것을 볼 수 있다.

불이 난 것을 가장 먼저 보는 사람은 화재 현장 주변에 있는 사람이다. 화재 현장 주변에 화재 진압 훈련을 받은 소방관이 있다면, 소방관은 신속하게 필요한 조치를 할 수 있을 것이다. 그러나 일반인은 화재를 진압하는 데 필요한 소화기나 소화전 사용법을 모르는 경우가 있고, 안다고 하더라도 소방관처럼 숙달되어 있지 않기 때문에 필요한 조치를 하는 데 시간이 더 걸릴 수밖에 없을 가능성도 크다.

집에 불이 나거나 물에 빠지거나, 심장마비가 왔을 때 가장 먼저 나를 도와줄 수 있는 사람은 내 옆에 있는 가족이나 이웃이다. 그다음에 소방관이나 경찰관이 와서 나를 도와줄 수 있다. 경찰관과 소방관이 나를 도와주지만 내 옆에 있는 가족과 이웃이 먼저 나를 도와야 한다. 비번인 소방관은 평상시 가족과 이웃으로서 사고를 당한 사람을 돕는 것이다. 게다가 그들은 훈련을 잘 받았기 때문에 사고에 잘 대처하는 것이다. 소방관과 경찰관처럼 훈련받은 사람들이 위험에 처했을 때 곁에 있다면 큰 도움을 받을 수 있는 것이다.

우리는 본래 영어 단어의 의미와는 조금 다르지만 사고나 질병 발생 후 환자의 생사를 결정지을 수 있는 결정적 시간이라는 뜻으로 '골든타임(golden time)'이라는 용어를 많이 쓰고 있다[3]. 골든타임을 지키기 위해서는 소방관을 많이 뽑고, 소방차가 잘 출동할 수 있도록 불법 주정차를 줄이는 것이 필요하다. 그러나 무엇보다도 일반 국민이 소화기 사용법, 소화전 사용법, 심폐소생술을 알아야 한다. 그래야 눈앞에 발생한 위기 상황에서 가족과 이웃을 도울 수 있다. 소방청에서는 화재나 위기 상황에서 피해와 사망률을 낮추기 위해서 일반 국민을 대상으로 하는 소화기, 소화전, 심폐소생술 교육을 열심히 하고 있다. 국민이 친숙하고 쉽게 익힐 수 있도록 소화기, 소화전, 심폐소생술의 앞 글자를 따서 '소소심'이라는 용어로 실시되는 이러한 교육은 주변에서 발생하는 위기 상황에서 우리 모두가 '비번인 소방관'이 되어 생명을 구할 수 있는 첫걸음이 아닐까.

---

[3] 의학 분야에서는 골든아워(golden hour)라는 단어를 주요 사용하는 것으로 보인다. 골든아워는 환자의 생사를 결정지을 수 있는 사고 발생 후 치료가 이루어져야 하는 최소한의 시간을 의미한다.

코로나19는 무엇이 다른가?

　우리는 벌써 3년째 코로나19라는 재난 상황을 경험하고 있다. 감염병은 법적으로 정의된 재난의 일종이지만, 우리가 일반적으로 떠올리는 태풍, 호우, 화재 등의 재난과는 다르다.

　먼저 코로나19는 피해가 발생하는 양상이 다른 재난들과 다르다. 태풍은 사람, 동물, 식물, 건축물과 시설물에 대한 물리적인 피해를 유발한다. 태풍이 다가오는 경우 국민에게 알려서 대피하고, 대비하도록 하며, 실제 태풍으로 다친 사람들이 있으면 치료하고, 집이 파손된 사람들에게 숙소와 음식을 제공하며, 사람들이 빨리 일상으로 복귀할 수 있도록 돕는 것이 필요하다. 그러나 감염병인 코로나19는 피해가 사람에게만 집중되고 물리적인 피해가 발생하지 않는다. 따라서 대비하거나 대응하는 방식도 일반적인 재난과는 다르다. 대비와 대응에 필요한 역량도 일반 재난과는 다른 역량이 요구된다. 실제 대응하는 부서나 기관도 다르다. 중앙정부에서 일반 재난은 행정안전부가 대응의 주무 부처이지만, 코로나19는 보건복지부와 질병관리청이 대응의 주무 부처이다. 지방자치단체에서도 일반 재난은 재난관리 부서가, 코로나19는 보건부서와 시군구의 보건소가 대응의 중심이다.

둘째, 코로나19는 지금까지 인류가 겪어 본 적이 없는 새로운 감염병이다. 이 감염병에 대한 인류의 지식은 한계가 있고, 예방하고 치료하는 지식과 기술도 개발되는 과정에 있다. 다행스럽게 현재 코로나19 백신이 개발되어 세계적으로 접종이 진행되고 있다. 그러나 백신의 효과가 지속되는 기간은 여전히 명확하지 않다. 일부 치료제가 개발되었으나 효과는 한정적인 것으로 보인다. 전 세계 많은 기업과 학계의 연구자들이 코로나19 치료법을 찾고 개발하기 위해 노력하고 있다. 그러나 코로나19 바이러스의 변이가 계속 일어나고 있다. 기존 바이러스에 대응하던 기술이나 지식의 효용성이 떨어질 수 있는 것이다. 결국 불확실성 속에서 미래를 예측하고 코로나19에 대응해야 하는 어려움이 있다. 인류가 태풍을 예보하고, 대비하며, 피해를 예측하고, 피해를 복구하는 방법에 관해 아는 것과 코로나19에 대해 아는 것의 차이를 생각해 보면 그 차이는 명확해진다.

셋째, 코로나19는 매우 장기간 지속되고 있다. 2020년 1월 국내에서 최초로 코로나19 확진 환자가 발생한 이래 2년 넘게 확산이 지속되고 있다. 재난의 수습과 복구에 장시간이 소요된다는 것은 있을 수 있는 일이지만 대규모 재난이 1년 이상 지속된다는 것은 매우 드문 경우라고 볼 수 있다. 무엇이든 장기간 지속되면 사람들은 그 일에 무디어지고 무감각해지기 쉽다. 정부가 코로나19의 확산에 따라 거리두기 단계를 상향해도 이동통신사 가입자의 이동량은 거의 줄지 않고 있다. 코로나19 대응에 대한 시민들의 협조와 협력을 구하는 것이 점점 더 어려워지고 있다고 볼 수 있다. 실제 코로나19의 위험성에 비해 국민이 그 위험을 낮게 평가하고 있다면 흡연의 위험성을 알리기 위해 노력하는 것처럼 다양한 교육과 홍보, 캠페인이 필요하다. 위험 인식이 커져야만 행동 자제가 가능하다. 단순히 애국심이나 이타심에 의존하는 방식은 지속되기 어렵다.

넷째, 코로나19는 우리나라뿐만 아니라 세계가 같이 겪고 있는 재난이다. 모든 국가와 주요 도시의 상황과 조치 내용을 실시간으로 비교할 수 있다. 국민이 인터넷과 SNS, 언론을 통해 다른 나라의 대처 상황을 실시간으로 알아보고 우리나라와 비교한다. 우리의 대처 상황이 실시간으로 국민의 평가를 받는 것이다. 비교 기준, 평가 기준도 시간이 지나면서 바뀌고 있다. 확진자 숫자와 중증 환자 숫자 등은 기본적인 비교 기준이다. 거기다 초기에는 마스크 수급 상황이 중요한 비교 기준이었고, 최근에는 백신 확보와 백신 접종 실적이 중요한 비교 기준으로 자리 잡고 있다.

chapter

06

코로나19는 왜 빨리 퍼지나?

코로나19가 전 세계로 퍼지는 데는 4개월이면 충분했다. 2019년 12월 코로나19를 일으키는 바이러스(SARS－CoV－2)가 중국 우한에서 처음 확인되었다(WHO, 2021). 이후 2020년 3월 11일 WHO는 감염병의 최고 유행 단계인 팬데믹을 선언했다(WHO, 2020.3.11). 팬데믹을 선언할 당시 이미 114개국에서 118,000명 이상의 확진자와 4,291명 이상의 사망자가 확인되었다(WHO, 2020.3.11).

전파력이 강한 코로나19 델타(δ) 변이[4]가 우리나라에 전파되는 데도 4개월가량 걸린 것으로 보인다. 델타 변이 바이러스는 2020년 12월 인도에서 처음 확인되었다. 우리나라에서는 2021년 4월 말에 최초 확진자가 발생했고, 6월 말까지만 해도 10% 미만에 불과했으나 현재는 델타 변이가 우세종으로 자리를 잡고 있다. 이처럼 코로나19가 전 세계적으로 빨리 확산하는 이유는 무엇일까?

다음과 같은 모델 사회를 생각해 보자. 동그란 원 위에 사람들이 있

---

4) 세계보건기구(WHO)는 코로나19 변이 바이러스를 발생 순서에 맞춰 그리스어 알파벳으로 표기하고 있다. 영국에서 발견된 변이는 '알파(α)', 남아프리카공화국발은 '베타(β)', 브라질발은 '감마(γ)', 인도발은 '델타(δ)', 페루발 변이는 '람다(λ·11번째 알파벳)'라고 이름 붙였다.

다. 사람들은 원 위에서 자신과 가까이 있는 몇 명의 이웃들과만 접촉한다. 원에 70억 명이 있다면 원 한쪽에서 반대쪽까지 사람들이 접촉하려면 엄청나게 많은 접촉이 할 것이다. 자동차나 항공기가 없던 산업화 이전의 세계가 이 모델과 비슷한 세계였다고 생각할 수 있겠다. 사람들이 육지에서는 도보와 말을 타고 이동하고, 바다에서는 돛이나 노를 이용해서 이동하는 시절이다. 이러한 세상을 '넓은 세상'이라고 부를 수 있다(Baraba'si, 2002).

그러나 현실에서는 원을 가로질러 장거리 링크가 가능하다. 비행기를 타고 이동하거나, 기차를 타고, 동력선을 타고 장거리를 이동하는 것이 가능하다. 만약 원에서 몇 개의 장거리 링크만을 허용한다면 모든 사람 간의 거리는 무척 가까워질 것이다. 지금의 세계가 이와 같다. 감염병이 바다를 건너 다른 대륙으로 전파되는 것도 아주 짧은 시간이면 가능해진다. 이러한 세상을 '좁은 세상'이라고 부른다(Baraba'si, 2002).

현재와 같은 '좁은 세상'에서 코로나19의 전파력은 우리의 상상을 뛰어넘는다. 델타 변이 같은 엄청난 전파력을 지닌 변종의 출현 외에도 그런 전파를 가능하게 만든 환경이 존재한다. 또한, 코로나19의 피해는 오히려 미국, 일본, 중국, 프랑스, 독일, 이탈리아, 영국 같은 국제 공급망(global value chain)의 허브 국가들에 집중되어 있다. 인류는 상호 의존적이고 긴밀한 국제 공급망을 구축했고, 엄청난 물자와 사람, 정보가 이 국제 공급망을 따라 이동하고 있는데, 코로나19 바이러스도 이 길을 따라간다. 그런 점에서 역설적으로 기술 문명이 코로나19 팬데믹에 일조하고 있다(강윤재, 2020). 코로나19와의 싸움이 힘든 이유는 국제 공급망을 차단하면 인류의 삶 자체가 위협받기 때문이다. 여기에 인류의 딜레마가 있다(강윤재, 2020).

재난은 모든 사람에게 평등한가?

재난이 발생하면 모든 사람이 같은 수준의 피해를 볼까? 얼핏 생각해 보면 모든 사람은 같은 피해를 본다고 생각하기 쉽다. 그러나 현실에서는 재난이 모든 사람에게 같은 수준의 피해를 주는 것은 아니다.

일반적으로 재난에 취약한 계층은 어린이와 노인, 장애인, 여성, 저소득층이다. 이들이 재난 취약 계층인 이유는 재난이 발생했을 때 일반 성인 남성보다 재해를 피하기가 어렵고, 재난의 피해 위험성이 높은 생활환경에 처해 있을 가능성이 크기 때문이다. 비가 많이 와서 지역이 침수되었을 경우 어린이나 노인, 장애인, 여성보다 성인 남성이 더 잘 대피할 가능성이 크다는 의미이다. 가난한 사람은 자기가 사는 지역이 풍수해 위험 지역이라는 사실을 알더라도 경제적인 이유로 그지역을 벗어나기 어려울 수 있다. 부자는 자기가 사는 지역이 침수될 위험이 큰 지역이라면 안전한 다른 지역에 주택을 매입할 것이다. 또한, 부자는 가난한 사람보다 위생 상태도 더 나을 것으로 예상할 수 있다. 각종 연구 결과에서도 가난한 사람이 재난으로 인해 더 큰 피해를 보고, 가난한 지역이 부유한 지역에 비해 재난으로 인한 피해를 복구하는 데 더 오래 걸리는 것으로 나타나고 있다(머터, 2016).

감염병의 발생과 가난은 밀접한 관련이 있다(데이비스, 2008). 영국 통계청의 자료에 따르면, 영국에서 가장 빈곤한 지역의 코로나19 사망률은 빈곤율이 가장 낮은 지역보다 2배로 높은 수준이다(안희경, 2020). 그러나 우리나라에서 가난한 사람들이 부자들보다 코로나19에 더 많이 걸렸는지는 확인되지 않고 있다. 우리나라는 코로나19 검사를 무료로 받을 수 있고, 코로나19에 감염되었을 때도 무료로 치료를 받을 수 있기에 코로나19와 관련한 사망자 수가 소득에 따라 차이가 있다는 연구 결과나 언론보도는 확인되지 않고 있다. 다만 택배회사 근무자들과 전화상담실 상담원들이 코로나19에 감염되었다는 언론보도가 많이 있다는 것은 시사하는 바가 있다. 이들 업종은 근무 환경이 열악하고 근무자들이 일용직이나 비정규직인 비율이 높기 때문이다. 가난한 이들은 코로나19에 걸릴 위험성이 높은 위험한 작업 환경에도 불구하고 일하러 갈 수밖에 없는 환경에 처해 있는 것이다. 병에 걸려서 죽을지 안 죽을지 몰라도, 일하지 않으면 굶어 죽는다는 사실은 확실하다(안희경, 2020).

미국의 일부 주나 도시에서 전체 주민 중 흑인 인구의 비율에 비해 흑인 코로나19 감염자 수나 코로나19로 인한 사망자 수가 백인보다 훨씬 많은 것으로 나타나고 있다. 시카고에서는 아프리카계 미국인들이 다른 인종들에 비해 매우 불균형적으로 바이러스에 취약한 상황이다(안희경, 2020). 이처럼 코로나19 사망자 중 소수 인종이 많은 것은 미국 사회에 내재한 불평등과 소수 인종이 열악하고 좁은 공간에서 생활하거나 건강보험에 가입하지 못해서 의료 서비스를 받을 수 없고 영양가 있는 음식이나 식자재에 접근하기 어려운 경우가 상대적으로 많다는 것이다(안희경, 2020).

소수자 중에서도 경제적으로 취약한 집단의 감염률이 가장 높았다. 경제적 취약성과 소수자 지위는 두 가지 형태로 코로나19와 연결된다 (안희경, 2020). 먼저, 비주류인 소수자일 경우 기저질환을 앓고 있는 인구가 더 많아 위중해지거나 사망으로 진행할 가능성이 훨씬 크다. 또한, 앞에서 살펴본 바와 같이 코로나19 바이러스에 노출되기 쉬운 현장 노동자의 비율도 높다. 병원이나 요양원 노동자, 돌봄 업무 종사자, 음식 공급자 등 대면 접촉이 많고, 감염에 취약한 사람들과 함께한다.

코로나19에서 확인되는 또 하나의 불평등은 나이에 따른 불평등이다. 세계적으로 노인들의 치명률이 일반 성인들보다 훨씬 높게 나타나고 있다. 우리나라도 2021년 4월 현재 전체 치명률은 2% 미만이지만, 80세 이상 노인들의 치명률은 20% 수준이다. 심장병이나 당뇨병, 호흡기질환같이 이미 기본 건강 상태가 좋지 않은 사람들에게 코로나19가 위험하다(안희경, 2020). 노인들은 다양한 기저질환을 앓고 있어서 코로나19에 감염되면 중증으로 급격히 진행돼 사망에 이를 가능성이 크기 때문이다. 전국적으로 코로나19 확진자의 40% 이상이 집단 발생과 연관이 있다. 혼자서는 일상생활이 어렵고 거동이 불편한 노인이 요양원 또는 요양병원에서 감염되는 사례가 빈발하고 있다. 이와 감염 취약 계층으로서의 노인 문제는 해외에서도 나타나고 있다. 이탈리아의 코로나19 치명률이 높은 이유는 확진자 중 노인 비율이 높고 전체 사망자의 대부분이 70대 이상이기 때문이다.

우리나라에서 코로나19와 관련하여 남성과 여성의 차이는 보고되고 있지 않다. 코로나19의 확진자 수와 사망자 수, 치명률은 남성과 여성이 각각 50% 수준이다.

재난으로 인한 1차 피해만이 문제는 아니다. 코로나19가 장기간 계속되면서 2차 피해라 할 수 있는 경제적인 피해가 문제되고 있다. 경제 위기에서 가장 먼저 피해를 보는 이들은 경제적 취약 계층일 가능성이 크다. 음식점에서 시간제 아르바이트를 하는 학생, 방과 후 교사나 대리운전기사 같은 특수고용직, 영세 자영업자 등이 가장 먼저 피해를 볼 수 있다. 정부와 지방자치단체는 이러한 재난으로 인한 불평등의 문제를 중요한 정책 문제로 인식하고 있으나 한계가 있다. 현재의 불평등 문제뿐 아니라 원래의 생활 상태로 돌아가는 능력인 회복탄력성(resilience)도 가난한 사람이 부자보다 떨어질 수 있다. 사회가 안정적으로 유지되고 발전하기 위해서는 재난 불평등의 문제를 어떻게 해결하는지가 중요한 과제다.

PART 3

Pre-Event: 재난 이전

사고에는 징조가 있다.

재난이 발생하는 것을 미리 알 수 있을까? 미리 알 수만 있다면 얼마나 좋을까. 재난에 대비해서 피해를 최소화할 수 있을 테지만, 현실에서는 재난이 발생하는 것을 미리 알 수 있는 경우는 매우 제한적이다.

대표적으로 재난 발생 위험을 알려 주는 것은 우리가 매일 보고 듣는 일기예보다. 우리는 TV, 인터넷, 소셜미디어를 통해서 태풍이 우리나라를 향해 오고 있다거나 많은 비나 눈이 내릴 것이라는 예보를 듣는다. 일기예보가 정확히 맞는 때도 있지만 여러 가지 제약으로 인해 맞지 않는 때도 있다.

요즈음 우리나라 일기예보에는 미세먼지 예보도 포함되어 있다. 최근에는 산사태 주의보나 경보가 발령되었다는 문자를 받기도 한다. 이처럼 미리 재난이 발생할 위험성을 알 수 있으면 좋지만, 현재 우리가 가진 기술로는 대부분 재난의 징조를 알기가 어렵다. 현재는 지진이 언제 어디서 발생할지를 정확히 알 수 있는 지식과 기술이 없다. 물론 지진이 빈발하는 일본의 경우에는 국토교통성 누리집을 통해,

조만간 발생할 수 있는 대규모 지진(난카이 트로프 거대 지진[1], 수도 직하 지진[2] 등)에 대한 예측 정보를 제공하고 있다.

대형 사고는 아무런 징조가 없이 발생할까. 허버트 하인리히(Herbert W. Heinrich)는 큰 사고 전에는 여러 번의 경고성 징후가 있다는 사실을 발견했다. 허버트 하인리히는 여행자보험회사에 근무하면서 업무 관련으로 많은 사고 통계를 접하곤 했다. 그는 7만 5,000건의 실제 사고를 분석하여 1931년 『산업재해 예방: 과학적 접근(Industrial Accident Prevention: A Scientific Approach)』이라는 제목의 책으로 펴냈다[3]. 그는 이 책에서 산업재해로 인해 중상자 1명이 나올 때 그 전에 같은 원인으로 발생한 경상자가 29명이 있었고, 다치지는 않았지만 같은 원인으로 가벼운 사고를 겪었던 사람이 무려 300명 있었다는 사실을 밝혔다. 다시 말해 중상(major injuries)과 경상(minor injuries), 그리고 부상이 발생하지 않은 사고(no injuries)의 발생 비율이 1:29:300이었다는 것이다(김민주, 2014).

오늘날 1:29:300 법칙은 그의 이름을 따서 '하인리히 법칙'이라고 일컬어진다. 이 법칙에서 알 수 있듯이 큰 사고는 우연히 또는 어느 순간 갑작스럽게 발생하지 않고 그 이전에 반드시 가벼운 사고가 반복되는 과정에서 발생한다. 따라서 사소한 문제가 발생했을 때 그 원인을 파악하고 잘못된 점을 고치면 큰 피해를 예방할 수 있지만, 징후가 있음에도 이를 무시하고 빠르게 대처하지 않고 내버려 두면 대형사고로 번질 수 있다는 것을 경고하고 있다. 하인리히 법칙은 산업재해에 그치지 않고, 각종 사고와 재난을 포함한 각종 위기나 실패와 관련된 법칙으로 확장되어 사용되고 있다(김민주, 2014). 1997년 우리나

---

1) 30년 이내에 M8~M9급 대규모 지진이 발생할 확률이 70~80%
2) M7급 대규모 지진이 발생할 확률이 70%
3) 1931년에 펴낸 산업재해 예방: 과학적 접근은 1980년까지 다섯 차례 개정판이 발간되었다(김민주, 2014).

라의 외환위기나 2008년 세계 금융위기를 분석할 때도 이 법칙이 자주 언급되었다(연합인포맥스).

그의 이론은 산업재해 도미노 이론으로 발전한다. 하인리히에 따르면 산업재해는 사회적 환경 → 노동자의 실수 → 위험한 행동 및 기계적 위험 → 사고를 거치며 발생한다. 도미노 한 조각만 제거해도 산업재해가 발생하는 연결 고리를 차단할 수 있다는 게 그의 결론이다(김민주, 2014).

프랭크 버드(Frank E. Bird Jr.)와 로버트 로프터스(Robert G. Loftus)는 하인리히 법칙을 새롭게 해석하여 1976년 소위 '빙산 이론(Iceberg Theory)'을 만들어 냈다. 이 법칙은 하인리히의 1:9:300을 수정하여 1:10:30:600의 법칙을 내놓는다. 하인리히가 중상, 경상, 무상해 사고로 나누었다면 이들은 사망(death), 경상(serious accidents), 물적 피해(minor accidents)에 사고 날 뻔한 아차 사고(near misses)를 추가했다(김민주, 2014).

한편 하인리히는 산업재해 발생의 원인을 또 다른 숫자로 제시한 바 있다. 이른바 2:10:88 법칙이다. 산업재해의 88%는 인간의 불안전한 행위로 인해 발생하고, 10%는 안전하지 못한 기계적·신체적 상태 때문에 발생하고, 나머지 2%는 아무리 노력해도 막을 수 없는 불가항력적 이유 때문에 발생한다는 것이다(김민주, 2014).

모든 재난은 발생하기 전 징조를 보인다. 예보와 경보 형태로 사전 예고가 가능한 재난이 있는가 하면, 사소해 보이는 작은 문제들이 큰 재난에 대한 예고의 메시지를 보내기도 한다. 재난 발생 전 작은 징조들을 민감하게 받아들이는 것, 그것이 재난 예방의 시작이다.

1달러를 투자하면 6달러를 아낀다

모든 재난을 예방할 수 있을까?

모든 재난을 예방하는 것은 불가능하다. 모든 재난이 예방 가능하다면 재난의 대비나 대응, 복구는 필요가 없을 것이다. 기술적으로 모든 재난의 예방이 가능하다고 하더라도 이를 위해서는 천문학적인 재원이 필요하고, 소요 재원의 조달이 불가능하므로 모든 재난의 예방은 불가능한 것이다. 예를 들어 하수도를 100년 발생 빈도(재현 기간)로 설계한다는 의미는 100년에 한 번꼴로 일어나는 홍수는 하수도가 감당할 수 없다는 것이다.

재난은 수많은 인명 피해나 큰 재산 피해를 일으키고, 교통사고와 같이 흔하게 발생하지 않는 극적인 사건이다. 따라서 예방, 대비, 복구 등의 단계에 비해 재난 발생이 예상되거나 재난이 발생한 직후인 대응 단계에 언론의 관심이 집중된다. 최근까지 정부의 재난에 대한 시각도 대응을 중요하게 여겨 온 것이 사실이다. 미국조차도 연방정부 재난관리의 중심이 예방으로 이동한 것은 최근의 일이다.

재난의 예방에 한계가 있음에도 불구하고 재난관리의 중점이 예방으로 옮겨가는 이유로, 인명 피해와 재산 피해를 줄일 수 있다는 점이 무엇보다도 중요하다. 경제적인 관점에서 보면 예방 활동에 투자하는 것이 재난으로 피해가 발생한 이후 복구에 드는 비용보다 적다는 것이다. 미국의 한 연구에 따르면 연방정부가 자연재해 예방에 1달러를 투자하면 6달러를 절약할 수 있다고 한다(National Institute of Building Sciences, 2019).

결국 앞으로도 재난관리의 중점은 예방 활동이 되어야 할 것이다. 모든 예방 투자가 비용 대비 효과적으로 판명되는 것은 아닐 수 있다. 지진에 대비해서 건축물의 내진설계 기준을 강화하고 내진 보강을 해도 지진이 일어나지 않는다면 비용 대비 효과는 낮게 나타날 수 있다. 그러나 그럼에도 불구하고 대규모 지진은 발생 시 막대한 피해를 가져올 수 있기 때문에 예방에 대한 투자를 간과할 수 없는 것이다.

재난으로 인한 피해는 단지 재난의 크기에 따라서만 결정되는 것이 아니다. 거대한 규모의 물리적 사건이라도 사소한 피해로 끝날 수 있는 반면, 아주 작은 사건이 커다란 피해를 가져오는 예도 있다(머터, 2016). 허리케인 카트리나(Hurricane Katrina)가 엄청난 재난이 된 것은 카트리나가 단지 강력한 폭풍이기 때문이 아니라 뉴올리언스에 만연해 있던 빈부 격차와 같은 사회적 병폐 때문이다(머터, 2016). 이러한 사실은 자연재난 예방 정책에 중요한 시사점을 준다. 인간이 자연 재난의 강도를 조절하는 것은 어렵다. 그렇다면 자연 재난 피해를 줄이기 위해 우리가 할 수 있는 것은 사회의 취약성을 줄이는 노력이며, 사회의 다양한 취약성을 제거하는 것은 넓은 의미에서 재난 예방 활동이라 할 수 있다.

앞의 글에서 설명한 재난의 작은 징후들을 사전에 확인하는 것은 큰 피해를 예방하기 위한 중요한 활동이다. 특히 다수의 국민이 참여하여 주변의 위험 요인들이 보내는 징후를 발견한다면 효과적인 예방 활동이 될 것이다. 이를 실제 정책으로 실현하고 있는 것이 '안전신문고'이다. 안전신문고는 생활 속에서 발견되는 안전 위험 요인을 국민이 신고하면 행정안전부에서 처리 기관을 지정하여 해결하는 시스템이다. 2014년에 출발한 안전신문고는 올해까지 약 500만 건의 안전신고가 접수되어 처리되었다. 이 가운데는 코로나19와 관련된 신고도 10만여 건 포함되어 있다. 2015년부터 시작한 '국가안전대진단'은 중앙정부 부처, 지방자치단체, 공공기관, 국민이 함께 참여하여 우리 사회의 안전관리 실태를 점검하고 위험 요인을 발굴하고 개선해 나가는 예방 활동이다(행정안전부, 2021.08.20.). 매년 적게는 수만에서 수백만 개소의 시설물과 위험 지역을 점검하여 개선하고 있다.

재난의 경험 vs. 전문적 예측

인간은 행복을 추구하는 존재이다. 인지심리학자 힐렐 아인혼은 인간이 삶 속에서 행복감을 느끼는 측면을 크게 네 가지 영역으로 나누어 살펴보고 있다. 먼저 첫 번째로 우리가 원하고 있고, 이미 가지고 있는 것에 대해서는 행복감을 느낄 수 있다. 대부분의 인간관계와 소유물이 여기에 해당한다. 다음으로 우리가 원하지 않지만 가진 것들인데, 이는 현재 우리를 불행하게 만든다. 건강 이상, 과체중, 재정적 어려움이 이에 해당한다. 세 번째로 우리가 원하지만 가지고 있지 않은 것들로, 만약 가지게 된다면 행복할 수 있지만 갖지 못한 현재는 행복하게 하지 못한다. 더 큰 돈과 더 나은 직업 등이 이에 해당한다. 마지막으로 우리가 원하지 않으며 갖고 있지 않은 것으로, 경험하지 않은 건강 이상, 재정적 어려움, 사회적 문제 등이 있으며, 바로 재난의 경험이 이 영역에 포함된다. 이것을 경험하기 전까지는 우리는 불안과 걱정을 가지게 되고, 실제 경험하게 되면 큰 신체적·정신적·물질적 타격을 입고 불행에 빠지게 되는 영역이다.

재난이 누구도 경험하기를 원하지 않는 영역임은 분명하지만, 직접 재난을 겪은 사람들의 경험은 굉장히 소중하다. 그들의 경험을 통해서 재난의 예측 불가능성과 상시 발생 가능성에 대한 인식, 재난으로 인한 피해와 회복의 어려움 등 생생한 체험을 나눌 수 있고, 그로부터 정책적인 함의를 얻을 수 있기 때문이다. 하지만 경험에서 배운 내용에만 전적으로 의존한다면 관련 없는 것만 배우고 정작 중요한 정보는 놓칠 수 있어서 재난에 취약해질 수 있다(호가스 & 소이야르, 2021). 경험이 쌓일수록 자신만의 고정관념에 파묻히게 되고, 능숙함의 함정에 빠져 창의성을 발휘할 수도 없게 된다. 따라서 경험에만 의지하다가 전례가 없는 큰 재난이 다가오는지도 모른 채 커다란 위기에 직면하게 된다.

인간은 같은 상황을 경험했다고 하더라도 서로 다르게 받아들이며 머릿속에 기억으로 저장한다. 우리의 경험은 주변 상황과의 순간적인 상호작용 과정이기 때문에 경험하는 자아는 기억하는 자아가 실제 있었던 일을 이야기로 구성할 때 편집의 재량을 마음껏 발휘하게 된다(호가스 & 소이야르, 2021). 이와 더불어 분노, 걱정, 슬픔을 경험하더라도 시간이 흐른 다음에는 과거의 불행을 미화하거나 긍정적으로 회고하는 경향성을 띤다. 이와 같은 특성 때문에 재난에 대한 인간의 경험은 있는 그대로의 사실로서 기억되지 않고, 사적인 감정이 개입되어 단순하게 왜곡하여 떠올려지게 된다. 한편, 단지 순차적으로 일어난 사건에 대해서 인과관계가 있다고 판단 내리기도 한다. 이는 재난에 대해서도 객관적이고 중립적인 사실에 대한 기억과 분석, 판단, 예측을 어렵게 만든다.

정부는 재난의 경험을 토대로 새로운 대응책을 마련하기 위해 과거를 반추하며, 국내외의 사례들에 대해서 분석을 진행한다. 하지만 인간은 망각의 동물이기 때문에 과거의 기억도 시간이 지남에 따라서 사적 감정이 개입된 일부만 단순하게 왜곡되어 남고, 나머지 대부분은 서서히 희미해지면서 재난에 대한 심각성 인식도 점점 감퇴되어 간다. 특정한 한 유명 인물에 대한 사망 사건은 충격으로 다가오는 경향이 있지만, 수백 혹은 수천 명의 사망은 상대적으로 크게 다가오지 않는 것도 마찬가지이다. 막대한 인명 피해가 발생한 재난임에도 불구하고 시간이 지나면 하나의 재난 사건으로 기억될 뿐, 그로 인해서 사망한 수많은 피해자에 대한 기억은 상대적으로 흐려져 간다. 정부가 과거 재난 경험 이후 야심차게 기획한 정책도 과거와 같은 양상과 형태의 재난이 유사한 환경적인 요건 아래에서 발생하리라는 확률이 지극히 희박하므로 항상 실패한 미봉책이 되고, 사후 재난 수습과 회복에 집중하게 되는 행태를 반복하게 된다.

그렇기 때문에, 개인의 재난 경험이 매우 소중한 자산임에도 불구하고, 재난관리는 과학기술의 힘이 절대적으로 필요하며, 이를 활용한 예측과 예방 활동이 중요하다. 물론 개인이 접하는 작은 표본에 바탕을 둔 경험은 과도하게 안정감을 준다면, 통계적 분석에 바탕을 둔 전문가의 설명은 과도하게 걱정을 안기는 측면이 있다(호가스 & 소이야르, 2021). 전문가들의 통계를 기반으로 하는 과학적인 분석은 자칫 과도하게 일상의 평온 상태를 깨뜨려 버릴 수도 있고, 지나친 조심성의 강조와 행동상의 제약을 강요할 수도 있다. 우리가 통계적 지식을 학습하고, 전문가들의 견해를 비판적으로 분석할 수 있는 역량을 갖춘다면, 이러한 보수적인 전문가들의 견해를 부정적으로 받아들이지 않고, 합리적으로 해석할 수 있는 눈을 가질 수 있게 될 것이다.

일본은 왜 지진에 잘 대비하고 있나?

　일본은 지진에 대한 대비가 잘되어 있는데 우리나라는 왜 지진에 대한 대비가 잘되어 있지 못할까? 일본과 우리나라의 차이는 어디에서 오는 것일까?

　언론 보도를 보면 일본은 지진에 대한 대비를 참 잘하고 있다는 것을 알 수 있다. 건물의 내진설계 비율이 매우 높고, 도쿄도에서 만든 행동 요령인 도쿄 방재도 아주 세부적으로 잘 만들어져 있다. 일본인도 평상시에 실습 위주 훈련으로 지진이 발생했을 경우 어떻게 행동해야 하는지를 잘 알고, 지진이 발생하면 일사불란하게 행동한다. 이러한 행동은 어린 학생도 예외가 아니어서 유치원과 초등학교에 다니는 학생도 행동 요령에 따라 반복적으로 실습 위주의 훈련을 받고 행동 요령을 습관화하고 있다.

　반면에 우리는 2016년 9.12(경주) 지진과 2017년 포항 지진을 겪으면서 알게 된 것처럼 건물의 내진설계 비율도 일본에 한참 미치지 못하고, 국민 행동 요령도 일본에 비하면 허술한 수준이며, 지진 대비 훈련도 제대로 이루어지지 못했다. 단층 조사와 지진 관련 연구개발도 일본과는 비교할 수 없는 수준이다. 물론 포항 지진 이후에 우리 정부도 「지진 방재 개선 대책」(2018.05.25)을 마련하여 문제를 개선하기 위해 노력하고 있고, 이에 따라 우리나라의 지진 대비 역량도 이전보다는 훨씬 나아진 것이 사실이다.

일본과 우리나라의 지진 대비 역량 차이의 원인에 대해, 일본은 선진국이고 우리는 아직 멀었다는 식의 자조적인 답을 하는 사람을 쉽게 볼 수 있다. 물론 국가 간의 국력 차이가 있을 수 있다. 그러나 이를 단순히 국력의 차이라 할 수는 없다. 어떤 사회가 특정 재난이나 위기에 잘 대비하고 있다는 것은 그 사회가 그 재난의 위험성을 높게 평가하고 있기 때문이다. 일본은 지진의 위험성을 높게 평가하고 있어서 사회가 오랫동안 지진에 대비해 온 것이다. 반면에 우리나라는 지진의 안전지대로 여겨지면서 우리 사회가 지진에 대한 대비가 소홀해진 경향이 있다고 보는 것이 타당하다.

실제 통계를 봐도 일본이 우리나라에 비해 지진이 훨씬 자주 발생하고 있다. 일본은 지진과 화산 활동이 활발한 환태평양 변동대에 있고, 세계의 0.25%라는 국토 면적 대비 규모 6.0 이상의 지진 발생 횟수의 비율은 전 세계의 18.5%로 매우 높다(일본 국토교통성 누리집). 2004~2013년의 기간 동안 전 세계적으로 규모 6.0 이상의 지진이 1,629회 발생했고, 그중에서 302회가 일본에서 발생했다(일본 국토교통성 누리집). 앞으로 30년 이내에 규모 8.0에서 9.0의 대규모 지진이 발생할 확률이 70%에서 80% 수준인 것으로 보고 있다(일본 국토교통성 누리집). 반면에 우리나라는 1978년 기상청이 지진 통보 업무를 시작한 이후 가장 큰 규모의 지진이 2016년 경주에서 발생한 '9.12 지진'이다. 이 지진의 규모도 5.8로 지금까지는 규모 6.0 이상의 지진은 발생한 적이 없다(기상청, 2021). 9.12 지진과 포항 지진(2017.11.15.) 이후 많은 지진 전문가가 "우리나라도 더 이상 지진의 안전지대가 아니다."라는 말을 하고 있다. 이 말은 우리나라에서 지진에 대한 위험성 평가 결과가 바뀌었다는 의미다. 과거에는 지진에 대한 위험성을 낮게 보았으나 이제는 지진의 위험성을 높게 평가한다는 것이다. 통계를 보면 최근 국내에서 지진 발생이 증가하고 있음을 알 수 있다. 규모 3.0 이상의 지진을 기준으로 1978년부터 1998년까지는 연평균 19.1회의 지진이 발생했으나, 1999년부터 2019년까지는 연평균 70.7회의 지진이 발생하고 있다(기상청, 2021).

그렇다면 우리나라가 다른 나라에 비해 잘 대비하고 있는 위험은 어떤 것이 있을까? 우리나라는 다른 나라에 비해 어떤 위험과 위기에 많은 자원을 투입하고 있을까? 우리나라는 다른 나라보다 적의 공격에 대비하는 인프라가 잘 갖추어져 있다. 베트남의 공산화 직후인 1975년 민방위대를 창설하였고, 민방위 대원에 대한 교육과 일반 국민을 대상으로 민방위 훈련을 실시하고 있다(행정안전부 국민재난안전포털). 아울러 적의 공격이 예상되거나 공격이 있을 때를 대비하여 적의 공격을 알리는 민방위 경보 시스템을 전국적으로 구축하고 있고, 정부 지원으로 설치하거나 공공용으로 지정한 지하 대피소를 확보하고 있으며, 상수도 공급이 중단될 때도 최소한의 마실 물과 생활용수를 공급하기 위한 비상 급수 시설도 확보하고 있다(행정안전부 국민재난안전포털). 이러한 대비 시스템은 과거부터 우리 사회가 북한의 공격에 대한 위험을 크게 평가해 온 결과라 할 수 있다.

교육과 훈련이 사람을 살린다

재난에 대응하는 과정은 오케스트라를 연주하는 것과 같다. 각각의 악기 연주자는 악보에 적힌 대로 자신의 소리를 충실히 낼 수 있도록 준비하고, 연주가 시작되면 맡은 바 소리를 정확하고 박자에 맞춰 제 때 내야 한다. 동시에 다른 악기가 내는 소리와 속도를 예의주시하며 함께 어우러진 소리를 내야 하고, 돌발 상황이 발생할 때는 감각적으로 대응하며 소리의 조화를 깨지 않도록 연주해야 한다.

마찬가지로 재난 대응은 여러 관련 기관이 함께 박자를 맞추며 함께 움직이는 과정이다. 오케스트라에 참여하는 악기 연주자들이 악보를 따라 움직인다면, 재난 대응 기관들은 재난 발생 시 어떻게 행동해야 할지에 대한 사전 약속인 '매뉴얼'에 따라 움직인다. 각각의 기관들은 매뉴얼에 따라 자신들의 역할을 충실히 숙지하고 익히며 준비해야 하고, 재난이 발생하면 다른 기관과 조율하며 적시에 최적의 대응이 이루어지도록 한다. 돌발 상황이 생기면 감각적으로 빠른 판단으로 적절한 조처를 하도록 노력한다.

오케스트라의 연주도, 재난 대응의 과정도, 첫째는 정해진 약속에 따른 본인의 역할을 완벽히 숙지하는 것이고, 둘째 함께 움직여야 하는 상대들과의 조율을 고려하며 행동해야 하고, 셋째 돌발 상황에 대처할 수 있는 감각을 키워야 한다. 이렇게 되기 위해서는 끊임없이 연습하고 실전과 같은 훈련을 반복해야 한다.

우리나라의 재난관리는 기본적으로 위기관리 표준 매뉴얼에 따라 재난관리 주관기관들이 움직이도록 정하고 있다. 위기 경보 수준에 따라 각각의 기관들이 취해야 하는 조치가 정해져 있다. 재난이 발생한 상황에서 수십 장에 달하는 매뉴얼을 일일이 읽고 이해하며 대응할 수는 없는 노릇이기에, 사전에 교육과 훈련을 통해 충분히 숙지하는 노력이 필요하다. 매뉴얼을 간소화하거나 검색이 용이한 전자문서로 구축하는 방법 등이 개발되고 있지만, 근본적으로 매뉴얼의 내용은 재난 상황이 발생하기 전에 익혀야 하는 것이 원칙이다.

재난을 예방하기 위해서도 교육과 훈련은 중요하다. 안전공학의 이론들은 재해 원인의 메커니즘을 불안전한 상태(물리적 환경)와 불안전 행동의 결합으로 설명하고 있다. 불안전 행동이란 '사고·재해를 일으킬 것 같은 또는 그 요인을 만들어 낸 근로자의 행동'(정진우, 2015:109)으로, 필요한 안전 조치를 취하지 않거나, 불안전한 상태를 방치하는 행동, 위험한 상태를 만드는 행동, 기계 등을 지정된 방식 외로 사용하는 행동 등을 포함한다. 이러한 불안전 행동을 최소화하여 사고·재해 발생 가능성을 낮추기 위해서도 반복적인 교육과 훈련이 필요하다.

재난 대응 상황에서 매뉴얼이 정한 우리 기관의 역할만을 사전에 익히는 것으로는 충분하지 않다. 관련된 기관들이 매뉴얼이 정한 약속을 실제로 어떤 방식으로 구현하는지도 사전에 이해하고 서로 '합'을 맞추는 과정이 필요하다. 신속한 협업이 요구되는 재난 대응 상황에서 서로의 대응 방식을 익힐 수 있는 시간은 허락되지 않기 때문에 사전에 실전과 같은 공동 훈련을 통해 손발을 맞추어 둘 필요가 있다.

「재난 및 안전관리 기본법」에 따라 매년 정기적으로 실시하는 '재난 대응 안전 한국 훈련'은 범국가적 재난 대응 훈련으로 현장 훈련과 토론 훈련을 통해 기관별 조치 사항을 점검한다. 훈련 시나리오를 개발하는 설계 과정에서부터 훈련 과정을 평가하고, 그 결과에 따라 개선 계획을 마련하여 이행하고 매뉴얼을 보완하는 과정에 이르기까지, 훈련의 전 과정을 통해 참여자들은 재난 상황에 대해 이해하고 대비할 수 있게 된다(행정안전부 누리집).

최근의 재난 대응 훈련은 사전에 정해진 시나리오에 따른 훈련 이외에 돌발 상황에 대한 훈련을 강화하고 있다. 재난 상황이 어떻게 전개될지 예측하기가 쉽지 않고 매뉴얼이 모든 상황을 규정하고 약속할 수는 없으므로 돌발 상황에서 어떻게 행동해야 하는지를 연습해 보는 것은 실전의 오류를 줄이기 위해 중요한 과정이다. 반복되는 교육과 훈련은 사전에 규정된 약속이 있지 않더라도 안전한 행동을 취할 수 있도록 한다. 던컨 등(Duncan et.al)은 "규칙과 절차가 명확하지 않은 상황에서도 행동할 수 있는 가치, 태도 등"을 안전 문화로 정의하고 있다(Duncan et.al, 2012).

지속적인 교육과 훈련은 안전에 대한 가치와 태도를 형성할 수 있게 하며, 궁극적으로 어떠한 상황에서도 안전을 확보할 수 있는 판단과 의사 결정을 할 수 있는 밑거름이 될 수 있다. 이러한 과정은 재난 관리 책임 기관에만 국한된 것이 아니라, 자신의 안전을 확보할 수 있게 행동하기 위해 국민 모두에게 필요한 과정이며, 전 국민에 대한 안전교육이 필요한 이유이다.

세월호 참사 이후 모든 국민이 비상 상황에서 안전한 행동을 할 수 있도록 교육이 필요하다는 인식이 확대되었고, 2016년 제정된 「국민 안전교육 진흥 기본법」은 전 국민이 어릴 때부터 전 생애주기에 걸쳐 안전에 대한 교육을 받을 수 있도록 정책적으로 지원하는 법적인 근거가 되고 있다. 특히 학생들을 대상으로 하는 안전교육이 의무화되는 등 크게 강화되었다.

2019년 강원도 산불 당시 수학여행 중이던 중학생들이 인명 피해 없이 무사히 대피한 사례는 안전교육을 통해 익힌 행동 요령이 위기의 순간에 빛을 발한 사례이다. 재난문자 확인 후 교사들은 즉각 대피를 결정했고, 학급별 장기자랑 중이던 199명의 학생은 허리를 숙이고 두 줄로 대피하여 3분 만에 버스 7대에 탑승하여 행사장을 빠져나왔다. 버스 중 한 대가 불길에 휩싸였을 때도 학생들은 교사의 인솔에 따라 빠르게 대피하였고, 학생들이 모두 대피한 후 버스는 전소하였다(연합뉴스, 2019). 이 학생들은 수학여행 전 화재 대피 훈련을 실시하였고 몸을 낮춘 채 줄지어 대피하는 행동 요령을 직접 체험하며 익힐 수 있었다(박대복, 2019).

개개인의 인식과 행동이 변화하여 우리 사회 전반의 문화가 안전의 가치를 향해 변해가는 과정은 장기간에 걸쳐 서서히 나타나는 변화일 것이다. 가시적인 변화를 체감하기 어렵지만, 반복적인 교육과 훈련을 통해 쌓인 변화가 위기의 순간에 나타나게 된다.

chapter
06

생존배낭이 필요한가?

경주에서 발생한 9.12 지진과 포항 지진 이후 일반 국민의 생존배낭에 관한 관심이 높아지고 있다. 재난에 대비한 생존배낭이 필요한 것인지 필요하다면 어떻게 준비해야 하는 것인지에 대해 알아보자.

대규모 지진 같은 재난이나 전쟁이 발생하면 전기, 가스, 수도, 전화 같은 라이프라인(lifeline)은 수일간 또는 더 길게 중단될 수 있다. 또한, 생활에 필요한 물자 공급도 원활하게 이루어지지 않을 수 있다. 이때를 대비해서 생존에 필요한 필수품을 준비해 둘 필요가 있다. 집이 무너지지 않고 안전하다면 집에서 당분간 생활할 수 있을 것이다. 이 경우에는 집에 있는 생필품을 사용할 수 있으므로 크게 문제가 되지 않을 수 있다. 대규모 재난이나 전쟁을 대비해서 평상시에 집에 일정량의 생활필수품을 비축할 필요가 있다. 일본의 지진 행동 요령인 도쿄방재(東京防災)에서는 1주일은 누구에게도 의지하지 않고 생활할 수 있도록 집에 생활필수품을 비축할 필요가 있다고 설명한다. 우리나라는 전시의 경우, 집에 15~30일가량의 식량과 물을 포함한 생필품을 준비할 것을 권고하고 있다(행정안전부, 2021).

재난이나 전쟁 발생을 알게 되었을 때 필요한 생필품을 찾지 못하고 바로 대피해야만 할 수 있다. 대피했을 때 당장 필요한 최소한의 물품을 담은 가방이 '생존배낭'이다. 미국의 연방재난관리청(FEMA)은 '재난용품 키트(disaster supply kit)'라는 용어와 '비상용 가방(go bag)'이라는 용어를 사용하고 있다. 일본의 도쿄도의 도쿄방재에서는 '비상용 반출 가방'이라는 용어를 사용하고 있다. 우리나라에서는 전시 대비 비상용품을 설명하면서 미국의 용어를 따라 '비상용 백(go bag)'이라는 용어를 사용하고 있다.

  ▶ 며칠 분의 생활필수품을 준비해야 하는가?

  일반적으로 재난이 발생한 이후에는 본인 스스로 물, 음식 그리고 다른 필수품을 최소 3일간 견디기에 필요한 정도의 양을 보유해야 한다. 3일의 근거는 공무원들과 구호대원들이 재난 현장에서 구호 활동을 하나 필요한 모든 사람에게 즉시 도달할 수는 없다. 즉시 도움을 받을 수도 있지만, 며칠이 걸릴 수도 있다. 이 기간을 3일 정도로 보는 것이다(소방방재청, 2009).

  ▶ 무엇을 넣어야 하는가?

  생존배낭의 내용은 각각 자신의 상황에 맞게 필요한 물건을 생각하고 준비해 두는 것이 중요하다. 아이가 있는지, 노인이 있는지, 평소에 먹는 약이 있는지 등 가족의 상황이나 생활양식에 따라 필요한 용품은 달라질 수밖에 없다. 기본적으로 라이프라인인 수도와 전기, 가스가 공급되지 않고 전화를 사용할 수 없는 상황이라는 것을 생각하고 준비하는 것이 필요하다. 따라서 먹을 비상식량과 물, 외부 소식을 들을 수 있는 휴대용 라디오, 밤에 불을 밝힐 수 있는 손전등, 라디오와 손전등에 필요한 건전지, 휴대전화 예비 배터리, 성냥(라이터), 여분의 의류, 화장지, 수건, 응급용품, 안경 등(생활용품), 생리용품, 아이가 있는 경우 기저귀 등을 고려할 수 있다. 그 외에도 귀중품 및 중요한 서류, 자동차와 집 열쇠, 신용카드, 현금, 가족 연락처 등을 고려할 수 있다. 특히 날씨가 추운 계절에는 보온이 가능한 신발, 보온력이 좋은 옷, 담요 등도 필수적이다.

▶ 어떻게 관리하는가?

생존배낭은 현관 근처나 침실 안에 두면 집이 무너져도 바로 가지고 나갈 수 있다. 집뿐만 아니라 차 안, 직장에도 생존배낭이 필요할 수 있다. 생존배낭을 꾸리는 것도 중요하지만 주기적으로 관리해 주는 것이 필요하다. 가방 안에 식품이나 물, 배터리 등을 주기적으로 교체해 주어야 한다. 또한, 가족이 성장하고 구성원이 변함에 따라 내용물도 변해야 한다.

chapter

07

위급 상황, 어디에 신고해야 할까?

대규모 재난이 발생하면 언론 및 전문가는 항상 골든타임을 확보하는 것이 매우 중요하다고 강조한다. 재난이 발생하였을 때 골든타임을 확보하려면 초동 대응이 매우 중요하며, 신속한 초동 대응을 위해서는 신고 접수 후에 최대한 빨리 현장에 도착하여 구조와 현장 대응을 시행하여야 한다. 하지만 실제로 대규모 재난이 발생하게 되면 당황한 나머지 정확하게 신고하지 못해서 초동 대응이 지체되는 경우가 종종 발생한다.

2014년 세월호 참사 당시 전화 신고 과정에서 신고 내용을 반복적으로 설명하다가 골든타임을 놓쳤다는 지적[4]에 따라, 정부는 국민이 위급한 상황에서 더 쉽게 신고하고 긴급 기관이 신속하게 대응하기 위하여 국민 안전과 관련 있는 21개의 신고 전화번호를 긴급신고는 112번과 119번, 비긴급(민원상담) 신고는 110번으로 통합하고, 행정안전부를 주관으로 4개의 관계 기관(경찰, 소방, 해경, 국민권익위원회)과 함께 57개 상황실 간 신고 정보 공유 체계를 구축하여 2016년 10월부터 서비스를 시행하였다.

---

4) 세월호 참사(2014년 4월) 당시 122번 신고 전화를 모르는 학생들이 119번으로 최초 신고하였고, 이를 122번으로 재연결하는 과정에서 신고 내용을 반복 설명하는 등 시간이 지체되었다.

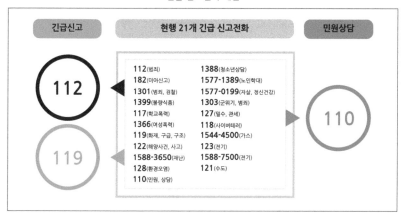

긴급 신고전화 개편

출처: 행정안전부 보도자료(2018.5.21.)

이로써 과거에는 국민이 신고 전화번호를 잘못 알고 한 경우에 다시 다른 전화번호로 걸어야 하는 불편이 있었으나, 지금은 소관이 아닌 긴급신고 전화 접수 시에도 반복 설명 없이 해당 기관으로 신고 정보(전화번호, 위치 정보, 신고 내용 등)를 자동 이관5)토록 하였고, 화재 등 대형 재난에도 국민은 112번 또는 119번 어느 번호로 신고해도 관계 기관 간 공동 대응6)을 할 수 있도록 신고 내용 및 정보 공유7)가 가능한 시스템을 운영하고 있다.

긴급신고전화 통합 서비스 시행 5년 동안 관계 기관 간 협업으로 인한 운영 성과를 분석해 본 결과, 긴급 기관이 신고를 접수하여 출동 지령까지의 대응 시간이 현저히 빨라진 것으로 확인되었다. 다른 기관 소관의 신고 전화를 해당 기관에 전달하는 시간이 서비스 이전

5) 이관: 소관이 아닌 신고는 해당 기관으로 정보 이관, 비긴급 신고전화는 110으로 이관
6) 공동 대응: 여러 기관이 함께 처리해야 할 신고에 대해 사건 및 위치 정보 등 실시간 공유
7) 정보 공유: 신고자 연락처, 사고 위치, 사고 내용, 출동 자원 정보, 차량 위치 등

(2016년 6월)에는 평균 2분 49초 걸리던 것이 2020년에는 평균 1분 40초로 1분 9초(41%)가 단축되었고, 경찰 · 소방 · 해경이 공동 대응해야 하는 사건 · 사고의 경우에는 출동 지령 소요 시간이 기존 평균 7분 46초에서 2020년에는 평균 4분 3초가 걸려 거의 절반 수준인 3분 43초(48%)가 단축된 것으로 나타났다(행정안전부, 보도자료. 2021.10.27.).

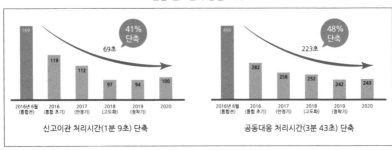

긴급 신고전화 통합 효과

출처: 행정안전부 보도자료(2021.10.27.)

모든 국민은 긴급한 신고는 112번과 119번, 비긴급한 신고는 110번만 기억하고 있으면 위급 상황에서 더욱 쉽게 신고할 수 있고, 어떤 번호로 전화해도 필요한 안전 서비스를 받을 수 있다.

또한, 긴급 기관은 시스템을 통한 신고 정보를 공유하여 더 효율적이고 신속하게 재난 상황에 대응할 수 있고, 단순 민원전화를 비긴급성 전화인 110번으로 전달하여 처리하게 함으로써 본연의 긴급 상황을 처리하는 데 집중할 수 있게 되었다.

긴급신고전화 통합 서비스 공동 대응 주요 사례

<사례 1> 화재 현장에서 노부부 생명 구한 경찰(2017)

- 1월 5일 오후, 전주시 인후동 주택 밀집 지역에서 화재 발생
- 소방(119)은 신고 접수(18:23) 후, 경찰에 공동 대응 요청(18:26)
- 소방은 신속하게 현장에 도착, 화재 진화와 구조에 주력
- 경찰은 화재 대피 방송 및 주변 주택을 수색하던 중, 뒷집에서 미처 대피하지 못한 할아버지를 발견해 대피시키고, 연기를 마셔 쓰러진 할머니를 구출

<사례 2> 부산시 좌수영교 차량 추락 사고(2018)

- 3월 23일 오전 부산시 좌수영교 진입로 부근에서 경차가 다른 차량과 충돌 후 난간을 들이받고 수영강으로 추락
- 경찰(112)은 신고 접수(08:57) 후, 해경과 소방에 공동 대응을 요청(08:59)
- 인근 순찰 차량을 현장에 급파하여 주변 통제와 안전 조치를 하였으며, 구조 작업이 완료된 후 차량을 인양
- 소방은 즉시 구조대를 동원하여 추락한 차량에서 A씨를 구조하여 심폐소생술을 실시, 인근 병원으로 이송
- 해경은 수심 3.5m에 빠진 차량 내부와 수영강을 수중 수색하여 동승자 유무를 수색하는 등 안전관리를 실시

출처: 행정안전부 보도자료(2018.5.21.)

chapter
08

긴급재난문자는 어떻게 오나?

코로나19가 장기간 계속되면서 우리는 수많은 긴급재난문자를 받고 있다. 확진자 발생 현황과 밀접 접촉자 파악, 확진자 이동 동선, 진단검사 안내, 코로나19 관련 안내, 공적 마스크 판매 관련, 재난지원금, 학교의 휴교와 공공시설의 휴관 안내까지 다양하다. 문자를 보내는 주체도 중앙재난안전대책본부, 행정안전부, 시도 그리고 시군구까지 다양하다. 긴급재난문자 서비스는 코로나19 팬데믹 속에서 국민에게 가장 신속하고 효과적으로 재난 정보를 전달하는 방식으로 자리 잡고 있다. 미국, 일본, 독일, 대만, 뉴질랜드 등의 국가에서 긴급재난문자가 사용 중이고 그밖에 홍콩, 이탈리아, 영국, 페루, 멕시코 등에서는 활용을 준비하고 있지만, 우리나라와 같이 널리 활발하게 사용하는 국가는 드물다(오승희·정우석·이용태, 2021).

'긴급재난문자'는 문자라는 표현을 사용하고 있으나 실제 서비스 형태는 '방송'(CBS: Cell Broadcasting Service)이다(국민안전처 중앙재난안전상황실, 2015.4). 관련 부처에서는 '재난문자방송'이라는 용어를 쓰고 있다. 재난문자방송 서비스는 휴대전화 기지국을 최소 단위로 휴대전화에 방송 형태로 문자 정보를 전달하는 시스템이다. 일반적인 문자 서비스(Short Message Service: SMS)가 각각의 휴대전화에 개별적으로 문자를 전달하는 방식인 데 비해, CBS는 특정 휴대전화가 아닌 해당 선택 지역의 모든 휴대전화로 동시에 정보를 전달할 수 있는 장점이 있다(국민안전처 중앙재난안전상황실, 2015.4).

긴급재난문자가 기지국 단위로 발송되다 보니 본인이 있는 지역의 행정구역을 넘어서 수신된다. 따라서 불필요한 긴급재난문자가 너무 많이 온다고 느끼게 된다. 물론 내가 있는 지역의 행정기관에서 발송한 문자라고 하더라도 내용상 불필요한 것들도 있을 수 있다. 따라서 더더욱 쓸데없는 긴급재난문자가 너무 많이 온다고 느끼기 쉽다. 예산 낭비라고 불만을 제기하는 사람들도 있다. 그러나 긴급재난문자 방송 서비스는 국민의 생명과 재산을 지키기 위한 공익의 목적으로 제공되는 무료 서비스이다(국민안전처 재난안전상황실, 2015.4). 보내는 정부나 받는 국민 모두에게 비용은 발생하지 않는다.

긴급재난문자는 2005년 2G 휴대전화에 처음 도입되었다(행정안전부. 2017.10.13). 그러나 모든 휴대전화에서 긴급재난문자를 받을 수 있는 것은 아니다. 2009년부터 2013년까지 출시된 3G 휴대전화에서 배터리 과다 소모 같은 기술적 문제가 발생했고, 2013년 시행된「재난 및 안전관리 기본법」개정으로 휴대전화에 긴급재난문자 기능을 의무적으로 탑재하도록 하는 규정이 시행되기 전에 제조된 4G 휴대전화는 제조사가 기능을 탑재하지 않았다면 긴급재난문자를 받을 수 없다(행정안전부. 2017.10.13.).

휴대전화에 긴급재난문자 기능이 없어도 앱 설치가 가능한 휴대전화의 경우 '안전디딤돌' 앱을 설치하면 긴급재난문자를 받을 수 있다. 'Emergency Ready' 앱을 설치하면 영어와 중국어로 긴급재난문자 서비스를 받을 수 있다.

지진과 같이 긴급한 재난이 발생했을 때 긴급재난문자를 받아본 사람들은 행동 요령도 알려주었으면 좋겠다고 생각한다. 그러나 긴급재난문자는 60자 이내로 발송되고 있어서 행동 요령을 첨부하기가 어렵다. 4G 휴대전화의 경우 90자까지 문자 수신이 가능하지만, 2G 휴대전화는 60자까지만 수신할 수 있어 2G 휴대전화를 기준으로 60자 이내로 긴급재난문자가 발송되고 있기 때문이다. 휴대전화가 4G, 그리고 5G로 진화해 가면서 문서와 동영상으로 된 행동 요령을 첨부하는 것도 가능해질 것으로 생각된다.

긴급재난문자는 '재난문자방송 기준 및 운영 규정'에서 재난의 종류에 따라서 위급재난, 긴급재난, 안전 안내 3단계로 구분하고 있다. 가장 심각한 수준의 위급재난은 공습경보, 경계경보, 화생방경보 등이 해당하고 수신 거부도 알림 소리 조정도 할 수 없다. 테러, 방사성 물질 누출 등의 상황이 포함되는 긴급재난문자는 수신 거부가 가능하다. 긴급·위급 재난을 제외한 재난 경보 및 주의보는 안전 안내 문자로, 일반 문자와 같이 수신 거부도 알림 소리 조정도 가능하다. 위급재난문자는 알림 소리가 60dB, 긴급재난은 40dB 이상이다. 지진의 경우 규모 6.0 이상의 국내 지진은 위급재난, 내륙에서 발생한 규모 3.0 이상 6.0 미만의 지진과 지진해일주의보, 지진해일경보는 긴급재난으로 분류되고 있다(기상청, 2018.5.31.).

재난과 IT

재난관리에 있어 정보통신기술(IT)은 현재도 중요하지만, 미래에는 더욱 중요해질 것이다. 성공적인 재난관리를 위해서는 신속한 정보의 수집과 그에 따른 의사 결정, 행위자 간에 그리고 정부와 국민 간의 효과적이고 신속한 의사소통이 필수적이기 때문에(Comfort, 외, 2004; Fleischer, 2013; Manoj 외, 2007; 김영주, 2019에서 재인용) 이를 뒷받침하는 IT는 더욱 중요해질 수밖에 없다. 이러한 중요성을 고려할 때, 우리 정부도 재난관리에서 필요한 IT의 기술 개발을 촉진하는 역할뿐 아니라, 이를 수용하고 내재화할 수 있는 인적인 역량을 기르는 일 또한 중요하다.

재난관리 현장에서 현재 활용되고 있는 기술들은 매우 다양하다. 그중 몇 가지의 예시를 살펴보자면, 각종 재난의 위험을 사전에 인지할 수 있도록 해 주는 위험 예측 기술, 예측된 위험과 수집된 정보를 통해서 향후 대응 방향의 의사결정을 지원해 주는 기술, 위험의 정보를 적시에 국민에게 공유할 수 있도록 하는 기술, 재난 대응을 하는 기관 간 원활한 의사소통을 지원하는 기술까지 매우 다양하고 광범위하다.

이미 우리나라는 1990년대부터 홍수 예측 시스템을 개발해 왔으며, 현재는 실시간 강수량 데이터를 통해서 취약 지역에 대한 위험성을 분석하고 이에 따른 조기 경보 체계를 갖추고 있다(TCS & UNDRR, 2021). 이 시스템은 강수량의 분석과 하천의 수위를 자동으로 감지하는 시스템, 산악 지대의 상층, 중층, 그리고 위험 지역에 설치된 경보 시스템으로 구성되며, 실시간으로 분석된 위험 정보를 지역의 재난 대책본부에 송출함과 동시에 위험 지역 주민들에게도 경보하는 구조이다. 행정안전부 소속 국립재난안전연구원에서는 2013년부터 필리핀, 라오스, 베트남 등에 이와 같은 홍수 감지 및 조기 경보 시스템 설치와 운영을 지원하고 있다(TCS & UNDRR, 2021).

수집된 정보를 통해 실시간 의사 결정에 도움을 주는 시스템으로, 산림청이 운영하는 산불 확산 예측 시스템이 있다. 이 시스템은 산불 발생 지역의 풍속, 풍향, 습도 등의 기상 상황과 지형적인 특성을 분석하여 향후 산불의 진행 방향과 속도, 피해 범위 등을 예측한다. 이를 통해서 산불 대응 기관은 진화 인력의 운영, 주민 대피 등의 의사 결정에 필요한 정보를 받을 수 있다. 최근 산림청은 산악 지형을 그대로 재현한 3D 기술을 활용하여 산불 확산 예측 시스템의 정확도를 높여 나갈 계획을 발표한 바 있다(산림청, 2021).

이 밖에도 수많은 기술이 다양한 재난 분야의 예방, 대비, 대응, 복구에 활용되고 있으며, 위의 사항들은 예시에 불과하다. 앞으로도 기술적 진보와 더불어 많은 기술이 재난관리에 활용될 것이 분명하지만, 이에 앞서 어떠한 기술들을 발전시켜야 하고, 이에 대한 대비를 어떻게 할 것인가는 우리가 미리 고민해야 할 영역이다.

재난관리에 한정된 주제는 아니지만, Deloitte Insight 2020이 제시하는 정부의 미래상은 재난관리에도 많은 시사점을 줄 수 있다(Eggers&parent, 2020). 이 보고서는 인간과 기계가 상호 협력의 유형을 제시하고 이러한 방식들이 공공기관의 업무를 어떻게 바꾸어 나갈 것이며, 이에 따라서 어떠한 마인드셋을 지녀야 하는지를 제시한다.

- ▶ Shepherd: 인간이 기계들을 관리하고 생산량을 극대화시킴.

- ▶ Extend: 기계가 인간의 업무(가능한 범위)를 증가시킴.

- ▶ Guide: 기계가 인간의 지식 습득을 도움.

- ▶ Collaborate: 인간과 기계의 협동을 통해서 문제가 인지, 정의, 해결됨.

- ▶ Split up: 업무 일부가 분리되고 자동화됨.

- ▶ Relieve: 통상적(routine)이거나 매뉴얼에 따른 일들을 기계가 처리

- ▶ Replace: 인간에 의해 행해지던 일을 로봇이 완전히 대체

위의 분류에 비추어 본다면, 재난관리에서 현재 IT를 활용하는 것은 주로 'Extend'의 유형에 해당한다. 즉 IT 기술을 활용하여 현상과 이에 따른 전개 양상을 분석하고, 이를 통해서 재난관리의 역량을 증대시키는 형태이기 때문이다.

그러나 앞으로는 재난관리 분야에서도 보다 다양한 유형의 인간-기계 협력 유형이 나타날 것으로 기대된다. 예를 들어, AR/VR을 활용한 재난 대응 현장 공무원의 pilot 훈련 프로그램의 활용(Guide 유형), AI를 활용해 과거 재난 사례와 같은 필요한 정보를 실시간으로 제공하고 가장 효과적이고 필요한 방식을 제공하는 등 AI와 재난 대응 담당자들과 협력 관계(Collaborate 유형), 재난의 대응과 복구 현장에서 위험성이 높은 업무들은 기계가 전담하면서 공동 대응하는 방식(Split-up 유형), AI가 대형 재난 상황에서 국민에게 정보를 제공하고 문의에 답변하는 방식(Collaborate/Replace 유형) 등 여러 방향으로 IT의 활용이 이루어질 수 있다.

이러한 유형들은 실제로도 시도되고 있는 사례로, IT의 활용이 크게 확장될 수 있음을 보여 주고 있다. 미국은 화재 진압에 로봇 소방관 활용을 시도하고 있으며, 우리나라도 관련 기술을 발전시키고 있다. 또한, 2016년 구마모토 지진 이후 산사태 위험성이 높은 지형에서 무인 기계(unmanned vehicle)를 활용하여 복구 작업을 진행하였다 (ADRC, 2017). IT의 활용, 기계와의 협력 관계는 재난관리에 있어서 더욱 중요해질 것은 분명하다.

이러한 관점에서 본다면, 우리가 IT 기술을 활용하기 위한 역량과 마인드가 갖추어져 있는가를 반문해 볼 필요가 있다. 특히 새롭게 등장하는 기술과 이를 활용한 기계들을 관리하는 전문가(Shepherd), 그리고 이와 같은 협력 체계에 대한 이해는 아직 부족해 보인다. 즉흥성(improvisation)과 IT의 활용 역량은 재난관리에 있어 중요한 능력이며, 이는 유연한 접근과도 연결된다(김영주, 2019). 다만 이러한 접근이 기계와 기술에 대한 의존으로 흘러서는 안 되며, 재난 대응의 효과성을 극대화할 수 있는 역량과 관리 체계를 만드는 것이 중요할 것이다(김정곤 외, 2016).

PART 4

Outbreak: 재난의 발생

chapter

01

본부가 너무 많아요

　재난이 발생하면 정부가 비상 대응 기구로서 어떤 '본부'를 가동했다는 뉴스를 접하게 된다. 최근에는 이런 비난을 듣는 경우가 드물지만, 종전에만 해도 비상 기구의 가동이 어느 시점에 이루어졌는지, 재난 발생 상황에 비추어 늦지 않았는지에 대한 비판이 제기되고는 했다. 장기간 코로나19라는 감염병 재난을 겪으면서 재난관리 체계를 잘 이해하고 있지 않은 사람도 비상 기구의 이름을 뉴스에서 매일 접했을 것이다. 아침마다 '중대본' 회의를 개최했다는 뉴스를 듣고, 오전에는 '중수본'에서 중대본 회의 주요 논의 사항과 앞으로의 정책 방향을 브리핑, 오후에는 '방대본'에서 발생 상황과 역학 조사 등에 따른 조치 사항을 상세 브리핑하는 모습을 장기간 보아 왔다. 이들의 명칭을 풀어쓰면 중대본은 '중앙재난안전대책본부', 중수본은 '중앙사고수습본부', 방대본은 '중앙방역대책본부'이다.

　이외에도 재난 비상 기구로서의 다양한 '본부'들이 있는데 '중앙방사능방재대책본부', '중앙산불방지대책본부', '가축질병방역대책본부', '중앙구조본부' 그리고 어떠한 명칭이 붙어 있지 않은 '대책지원본부'도 있으며, 이와 유사한 명칭을 가진 '중앙긴급구조통제단', '현장수습지원단', '사고수습지원단' 등 다양한 비상 기구들이 있다[1].

　명칭만 두고 본다면, 재난별로 다양한 비상 대응 기구와 체계가 존재하는 것으로 보이지만 실제는 그렇지 않다. 가장 간단히 말하자면 우리나라 중앙정부의 모든 비상 기구는 중앙재난안전대책본부와 중앙사고수습본부의 체계를 기본으로 하고 있다. 조금 단순화시켜 말하자면, 위 기본 체계를 재난 유형에 따라 또는 개별 법률이 정하고 있는 바에 따라 약간의 변형과 확장을 통해 운영하는 것이다. '중대본–중수본' 체계를 각 재난에 적용해 보고, 다른 '본부', '단'들의 역할을 살펴본 다음, 비상 대응 기구와 관련된 이슈를 살펴보자.

　「재난 및 안전관리 기본법」 제14조는 '대규모 재난'을 총괄·조정하기 위하여 행정안전부 장관이 본부장이 되는 '중앙재난안전대책본부'를 두도록 하고 있으며, 범정부 차원의 수습이 필요한 경우 등에는 본부장을 국무총리로 격상할 수 있도록 규정하고 있다. 동법 제15조의2에서는 재난관리 주관 기관의 장(중앙부처의 경우 소관 부처 장관)은 재난이 발생하거나 발생 우려가 있으면 이를 효과적으로 관리하고 이를 수습하기 위하여 '중앙사고수습본부'를 두도록 규정하고 있다.

---

1) 물론 법상 지방자치단체는 지역재난안전대책본부, 지역의 재난관리주관기관은 지역사고수습본부를 설치하여 운영하게 되어 있다.

중대본-중수본 체계

재난 유형	대규모 재난	일반적 재난 상황	(담당 부처)	특이 사항
풍수해	중앙재난안전대책본부 (국무총리 또는 행정안전부 장관)	중앙사고수습본부 (주관기관의 장)	(행안부)	중수본 없음
지진			(행안부)	중수본 없음
산불			(산림청)	산불방지 대책본부 (중수본과 동일 기능)
감염병			(복지부) (질병청)	중앙방역 대책본부 (중수본 가동 이전 비상기구)
철도 사고			(국토부)	
해양 사고			(해수부)	
가축 질병			(농림부)	가축질병 방역대책본부 (중수본 가동 이전 비상 기구)

위 표는 몇 가지 재난 유형을 예시로 중대본–중수본 체계에 대한 이해를 돕기 위해 작성한 것이다. 통상 재난이 발생하거나 발생할 우려가 있는 경우에는 주관 기관의 장이 중앙사고수습본부를 설치하여 재난에 대응하고 관리한다. 다만 재난의 규모와 영향이 큰 경우 등 범정부적인 대응이 요구될 때 중앙재난안전대책본부를 가동하게 된다. 산불방지대책본부는 산불 재난의 중수본의 다른 이름이다. 가축질병방역대책본부는 농림부가 중수본을 가동하기 이전의 '주의' 또는 '경계' 단계에서 운영하는 비상 기구이며, 중앙방역대책본부는 복지부가 감염병 중수본을 운영하기 이전인 '주의' 단계 등에서 질병청이 중수본 역할을 하기 위해 가동하는 기구이다[2]. 다시 말해 특정한 재난

---

2) 매뉴얼상 명확하지는 않지만 코로나19 사례에서 보듯이, 중대본을 가동하는 경우에도 중수본, 방대본이 그대로 운영되었다.

이름이 붙은 비상 기구인 '본부'들은 중수본의 별도 명칭이거나 중수본 가동 이전에 운영하는 비상 기구들이다.

이러한 중대본–중수본 체계를 유지하면서 일부 명칭과 구성상의 예외가 있는데, 첫 번째는 해외 재난으로, 명칭은 동일하게 중앙재난안전대책본부를 사용하지만 외교부 장관이 본부장이 되며, 두 번째는 방사능 관련 재난으로 중대본의 명칭은 중앙방사능방재대책본부로, 본부장은 원자력안전관리위원장이 맡게 되어 있다. 다만 이러한 체계 역시 앞서 살펴본 중대본 체계와 근본적인 차이가 있는 것은 아니고 해당 분야의 전문성을 고려하여 중대본을 주관하는 기관을 달리 정하고 있을 뿐이다.

중대본-중수본 체계의 예외

재난 유형	일반 재난	해외 재난	방사능
비상 기구	중앙재난안전대책본부 (국무총리 또는 행정안전부 장관)	중앙재난안전 대책본부 (국무총리 또는 외교부 장관)	중앙방사능방재 대책본부 (국무총리 또는 원자력안전위원장)

이제 나머지 기구들을 살펴보자. 중앙긴급구조통제단은 재난 발생 시 인명의 긴급 구조의 지휘·통제를 위하여 소방청장을 단장으로 가동하는 기구이며, 해상에서의 재난의 경우 해경청에서 긴급구조본부를 가동한다. 즉 이 두 기구는 재난 초기의 인명 구조에 중점을 둔 비상 기구이다. '수습지원단'은 '현장'에 대한 수습지원단으로, 이해할 수 있으며 중앙정부에서 재난과 대형 사고의 현장에 지원 인력을 파견하여 원활한 수습을 돕는 역할을 하는 기구이다. 마지막으로 수식어가 없는, 「재난 및 안전관리 기본법」 제17조3의 '대책지원본부'는 중대본을 가동하지 않은 재난 상황에서 운영하는 것으로서 통상 '범

정부 대책지원본부'라는 표현을 자주 쓰며 소관 부처의 주도하에 재난을 관리하면서 중대본 가동에는 이르지 않았지만, 행정안전부의 지원이 필요한 경우 운영하는 형태로 이해할 수 있다.

결국 다양한 명칭의 본부들이 존재하지만, 기본적인 뼈대는 '중대본–중수본'의 체계이며, 이에 대해 명칭이나 주관 기관을 달리하거나, 중수본 이전 단계를 표현하거나, 약간의 변형된 형태로 운영하는 것이다.

정부가 가동하는 다른 비상 기구들과 '중대본', '중수본'이 가지는 차이점 중 하나는, 이들은 서류상으로 존재하는 비상 기구가 아니라 실제 인력이 별도의 공간에 파견되어 재난에 대응하게 된다는 점이다. 「재난안전법」 제14조와 제15조의2에서는 이들 기구의 실무반 편성이나 인력·장비·시설 운영 등을 규정하고 있다. 관련된 여러 부처, 동일 부처 내에서도 여러 부서에서 파견된 인력으로 구성하여, 필요한 자원과 기능이 적시에 활용될 수 있도록 하기 위한 장치이다.

중대본–중수본 체계는 2004년 종전의 「재난관리법」을 폐지하고, 「재난 및 안전관리 기본법」을 제정하면서 도입되었으며 상당한 기간을 거쳐 정착되어 가고 있다. 다만 이 체계와 관련하여서는 몇 가지 이슈가 제기될 수 있다.

우선 우리 법제상의 중앙재난안전대책본부의 체계가 우리나라의 행정 조직 체계와 부합하는가의 문제이다. 중대본의 체계는 일본의 제도를 모태로 하는 것으로 알려져 있다. 일본은 국가가 재해 응급 대책을 추진하기 위해 특별한 필요가 있는 경우에는 「재해대책기본법」에 근거하여 '비상재해대책본부'를 설치할 수 있고, 내각부의 방재 담당 특명 대신(장관급)이 본부장을 맡도록 하고 있다. 또한, 현저하고 비정상적이며 극심한 재해가 발생했을 경우에는 내각총리대신을 본부장으로 하는 '긴급재해대책본부'를 설치하도록 하고 있다[3] (일본 방재백서, 2005). 두 나라의 제도를 수평적으로 비교해 보면, 행안부 장관–방재담당대신, 국무총리–내각총리대신이 본부장의 역할을 맡는 것으로 보이는데, 문제는 내각총리대신이 최고 의사 결정자인 일본과 달리, 우리나라의 정부 조직 그리고 재난관리 체계의 정점에는 대통령이 있다는 점이다. 내각부의 방재담당대신 또한 별도 부처의 장관이 아니라 내각총리대신을 보좌하는 기구라는 점에서, 굳이 이와 수평적으로 연결되는 우리나라의 행정기관을 꼽자면 행안부 장관이 아니라 대통령실의 국가안보실장이 될 것이다. 재난관리에서 대통령의 역할이 더욱 중요시될수록 현행의 중대본 체계 개편에 대한 논의가 제기될 것이다.

다음으로 중앙재난안전대책본부장을 다른 부처 장관들과 수평적 지위에 있는 행정안전부 장관이 맡는 것 또한 논의가 필요하다. 정부조직법상 재난관리의 총괄·조정 권한이 행정안전부 장관에 있고, 지방자치단체와의 협력 체계를 구축하기 위해 행정안전부 장관의 역할이 중요하다는 점은 이론의 여지가 없을 것이다. 다만 국무총리 또는 부총리 등 상급 기관이 아닌 동일 수준의 부처 장관이 다른 부처가 주관하는 재난에 대한 중앙재난안전대책본부를 지휘하는 것이 행정 조직의 체계와 부합하지 않는 측면이 있으며[4], 또한 재난 유형별로 소관 부처의 전문성이 중시되면서 행안부의 총괄 지휘 체계가 잘 작동하지 않는 사례도 발생하고 있다. 코로나19 상황에서, 법률상으로는

---

3) 1991년부터 2004년까지 14년간 총 11차례 비상재해대책본부 및 긴급재해대책본부가 가동되었는데, 우리나라의 중대본 가동 횟수와 비교하면 상당히 적은 숫자이다.
4) 일본의 방재담당특명대신은 앞서 설명한 바와 같이 내각부의 일원으로서 본부장을 맡는 것이기 때문에 우리나라와는 상황이 다소 상이하다고 볼 수 있다.

국무총리가 중대본부장을 맡는 경우 행정안전부 장관이 중대본 차장을 맡게 되어 있었으나 보건복지부 장관이 1차장을, 행정안전부 장관이 2차장을 맡는 등 제도와는 다소 분리된 형태로 운영되기도 하였다.[5] 또한, 구제역, 아프리카돼지열병 등 가축 질병의 경우 2년 가까이 위기경보 '심각' 단계가 발령되어 있는 상황이지만, 중수본 형태로만 비상 대응 기구를 운영하고 있다. 가축 질병 위기관리 표준 매뉴얼에서도 '심각' 단계에서 중수본을 가동하는 것으로 되어 있어 중대본의 가동은 배제되어 있다고 볼 수 있다. 이미 해외 재난과 방사능 관련 재난의 중대본부장은 소관 기관의 장이 담당하도록 법률상의 예외를 인정하고 있고, 앞으로도 행안부 이외의 부처가 주관하는 재난이 발생할 때도 같은 문제가 발생할 수 있으므로 이 문제 또한 논의가 필요하다.

마지막으로, 행정안전부, 외교부, 원자력안전위원회가 주관하는 재난 유형에 대해서는 중앙사고수습본부 형태가 없다는 점이다. 즉 이들 기관이 담당하는 재난 발생 시에는 중대본만 가동하고 있으며 별도의 중수본을 가동하지 않는다. 특히 행정안전부가 담당하는 풍수해의 경우에는 중대본을 1, 2, 3단계 등으로 구분하여 기상 상황 등 위험 수준에 맞는 대응 체계를 가동하고 있는데, 풍수해의 대응 측면에서는 타당할 수 있으나 동일한 법적 근거를 두고 있는 기구들이 다른 형태로 운영되는 것이 바람직한지를 다시 생각해 보아야 한다. 중앙재난안전대책본부는 국무총리가 본부장을 맡아야 할 예외적인 상황에서만 가동하고, 그 이전 단계에서는 중수본 또는 별도의 명칭으로 소관 부처가 대응하는 방식도 검토해 볼 필요가 있다.

---

5) 이후 법률 개정을 통해 복수 차장제를 도입하여 제도적 미비점을 보완하였다.

다양한 명칭들을 가지고 있는 비상 대응 기구들을 정리해 보고 그와 관련된 이슈들도 살펴보았다. 국민으로서 본다면 정부 대응 기구의 명칭이 무엇이냐는 중요하지 않고, 정부가 신속하게, 효과적으로 대응하여 생명과 신체, 재산을 보호해 주는 데 필요한 적절한 역할을 하는 것이 중요할 것이다. 다만 재난관리 체계를 좀 더 명확히 하는 것은 재난 대응 주체 간의 이해와 협력을 도모하기 위해 중요한 문제라는 점에서 앞으로도 지속적인 논의와 발전 방안 모색이 필요하다.

재난이 발생하면 정부는?

일상적으로 발생하는 화재나 교통사고는 소방과 경찰, 해경과 같은 초기 대응 기관(first responder)에서 자체적으로 처리한다. 우리가 보는 사고 대부분은 초기 대응 기관에 의해 처리된다. 그러나 현장 대응 기관이 자체적으로 처리하기 어려운 대형 사고가 발생하면 관할 시군구나 전기, 가스 공급 등 관련 업무를 담당하는 공공기관의 협조를 받아 사건을 처리할 수 있다. 일반적으로 모든 재난을 소방에서 최초로 대응한다고 생각하기 쉬우나, 모든 재난의 초기 대응 기관이 소방은 아니다. 소방이 구조 구급의 책임이 있기 때문에 대부분의 재난에서 중요한 역할을 하지만, 모든 현장 대응의 책임을 지는 것은 아니다. 산불의 경우 시군구의 산림부서가 현장 대응 기관이고, 중앙정부에서는 산림청이 주무 부처이다. 그래서 산림청 산림항공본부에 산불 진화 헬기를 다수 보유하고 있고 산불 특수 진화대도 배치되어 있다. 또한, 코로나19에서 보는 것처럼 감염병의 초기 대응 기관은 시군구의 보건소이다.

일상적인 체계로 대응하기 어렵다면 지방자치단체는 '지역재난안전대책본부'를 구성하고 관련 중앙부처는 '중앙사고수습본부'를 구성해서 대응한다. A시에 대규모 유류 유출 사고가 발생하면 'A시 재난안전대책본부'가 구성되고 환경부에 '중앙사고수습본부'가 구성될 수 있다. 그러나 A시와 환경부의 힘만으로 해결할 수 없다면 행정안전부가 주관이 되는 중앙재난안전대책본부가 구성되고 관련 부처가 지원하는 체제로 전환된다. 일반적으로는 행정안전부 장관이 중앙재난안전대책본부장이 되지만 범정부적 차원의 통합 대응이 필요한 경우에는 국무총리가 중앙재난안전대책본부장이 된다.

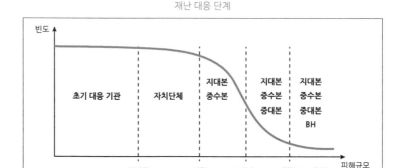

재난 대응 단계

대형 재난이 발생하거나 발생할 것으로 예상되면 정부는 '재난 사태'를 선포할 수 있다. 「재난 및 안전관리 기본법령」에 따르면 재난 중 극심한 인명 또는 재산의 피해가 발생하거나 발생할 것으로 예상되어 그 영향이나 피해를 줄이기 위하여 긴급한 조치가 필요하다고 인정하면 행정안전부 장관은 재난 사태를 선포할 수 있다. 그러나 우리나라에서 실제 재난 사태를 선포하는 경우는 흔하지 않다. 지금까지 재산 사태가 선포된 경우는 3차례에 불과하다(행정안전부, 2019.4.5.).

재난사태 선포 사례

시기	재난	지역
2005.4	강원도 양양 산불	강원도 양양군
2007.12	허베이 스피리트호 유류 오염 사고	충남 태안군
2019.4	강원도 동해안 산불	강원도 고성군, 속초시, 강릉시, 동해시, 인제군

재난 사태가 선포되면 행정안전부 장관과 지방자치단체의장은 법령에 따라 다음과 같이 조치할 수 있다.

(1) 재난경보의 발령, 인력·장비 및 물자의 동원, 위험 구역 설정, 대피 명령, 응급 지원 등 응급조치

(2) 공무원의 비상소집

(3) 해당 지역에 대한 여행 등 이동 자제 권고

(4) 유치원과 학교에 대한 휴업 명령 및 휴원·휴교 처분의 요청

(5) 그 밖에 재난 예방에 필요한 조치

우리 재난관리 체계는 코로나19에도 효과적?

앞서 제2장에서 소개한 통합적 재난관리 시스템의 요체는 재난관리 체계에는 재난 유형에 관계없는 공통점이 있다는 것이다. 감염병이 아닌 일반적 재난에 맞추어 설계된 우리나라의 재난관리 체계는 상당 부분 코로나19 대응에도 유용하게 사용되고 있다.

먼저, 중앙재난안전대책본부와 시도 재난안전대책본부, 시군구 재난안전대책 본부가 화상회의를 통해 중앙정부의 결정 사항을 공유하고, 지역의 애로와 건의 사항을 이야기하고 해결하는 체계는 우리나라만 할 수 있는 것이 아닌가 싶다. 이것은 두가지 측면에서 가능했다. 기술적으로 수백 곳을 화상회의로 연결할 수 있는 시스템이 구축되어 있다는 점과 중앙정부의 회의 소집에 지방지차단체가 따르는 법적 제도적인 시스템이 구축되어 있다는 점이다. 중앙재난안전대책본부 회의가 끝나고 나면 대부분의 시도는 시도 재난안전대책본부회의를 통해 시군구의 건의 사항과 애로 사항을 듣고 우수 사례를 공유하고 시군구의 조치 사항을 확인한다. 정부의 정책이 시군구까지, 심지어는 읍면동까지 실시간으로 전달되고 실시간으로 정책을 조율하는 것은 시시각각 변화하는 재난 상황에 혼란을 최소화하면서 대응할 수 있도록 해주는 최적의 시스템이다.

지방자치단체가 재난 대응에 필요한 재원을 조달하는 수단은 재난관리기금, 재해구호기금, 예비비이다. 지방자치단체에 설치된 재난관리기금과 재해구호기금은 코로나19에 대응하는 데 필요한 재원 조달에 큰 역할을 해왔다. 코로나19 대응에 직접적으로 소요되는 경비뿐 아니라 전국적인 재난지원금 지급은 상당 기간 적립해 온 재난관리기금과 재해구호기금이 없었다면 불가능했을 것이다.

이처럼 재난관리 자원을 코로나19 대응에도 활용한다는 측면에서 긍정적인 면이 있는 반면, 일반적인 재난관리 체계와 감염병 관리 체계가 충돌하는 부분이 있을 수 있다. 감염병을 담당하는 부서와 재난 관련 자원(예, 재난관리기금, 재난상황실, 긴급재난문자 시스템)을 보유하고 있는 재난부서 간에 갈등이 발생할 가능성이 있다. 재난 대응 체계 측면에서 설명하면 '방역대책반'을 운영하는 보건부서(예, 인천광역시의 건강체육국)와 '지역재난대책본부'를 운영하는 재난부서(예, 인천광역시의 시민안전본부) 간에 역할이 명확하게 구분되지 않고 매일매일 생겨나는 상황 속에서 업무 조정의 필요성이 발생할 수 있다.

감염병 이외에도 일반적인 재난과는 다른 성격의 재난인 가축 전염병(예, 구제역, 조류 인플루엔자)과 식물 해충(예, 소나무재선충), 해양 오염(예, 해상에서의 기름 유출) 등도 재난부서와 업무를 담당하는 부서 간에 갈등이 있을 수 있다. 재난부서가 총괄 부서이지만 특수한 형태의 재난에 있어서는 새로운 모델도 고민해야 한다. 코로나19는 범정부적 차원의 통합 대응이 필요한 상황으로 국무총리가 중앙재난안전대책본부장의 임무를 수행하고, 감염병의 주무장관인 보건복지부 장관과 재난의 주무장관인 행정안전부 장관이 공동으로 차장의 임무를 수행하고 있다. 2명의 장관이 공동으로 중앙재난안전대책본부의 차장 임무를 수행한 경우는 이번이 처음이다. 이는 향후 재난 유형별 고유한 전문적 대응이 필요한 다른 형태의 재난 대응 상황에도 참고가 될 수 있을 것이다.

　일반적인 재난에 대한 역량을 아무리 강화한다고 하더라도 앞서 언급한 감염병, 가축 전염병, 해양 오염, 화학 사고 등 일반적인 재난과는 성격이 다른 재난에 대응하는 데는 한계가 있을 수밖에 없다. 재난에 공통으로 필요한 역량을 강화하는 것과 아울러 재난별로 필요한 역량을 강화하는 노력도 게을리하지 말아야 하겠다. 흔히들 통합적 재난관리라고 하면 하나의 부처에서 모든 재난을 총괄적으로 대응하는 것으로 이해하는 경우가 많다. 재난을 연구하는 학자나 실무자 가운데도 그렇게 인식하는 이들이 있다. 그러나 통합적 재난관리는 재난관리의 공통점이 있으니 공통으로 필요한 역량(장비, 물자, 인력, 예산 등)을 중복적으로 갖출 필요가 없다는 측면이 강한 것으로 이해하는 것이 바람직하다. 같은 것은 같게, 다른 것은 다르게.

재난의 현장, 경찰과 소방은 어떻게 소통할까?

재난의 대응은 재난 상황을 이해하고 가용 자원을 파악하여 적재적소에 빠르고 정확하게 배치하는 과정이다. 이를 위해 재난 현장에서부터 최고 의사 결정 컨트롤타워에 이르기까지, 다양한 주체들의 참여와 이들의 유기적이고 신속한 협력이 이루어질 수 있는 통합적 재난관리 체계를 지향한다. 각각의 재난 대응 주체들은 시시각각 변화하는 재난 상황과 필요 자원에 대해 지속적으로 소통하며 협업 체계를 만들어 간다.

미국의 학자 콤포트(Louise Comfort)는 재난 상황에 대한 정보를 한데 모으고, 이를 해석 · 분석 · 판단하여 의사 결정을 내린 후, 각각의 기관으로 전파되어 조치가 취해지는 과정이 보타이(Bowtie: 나비넥타이)의 형태와 같다고 해서, 이를 '보타이 모델'이라 설명하였다(오윤경 2013).

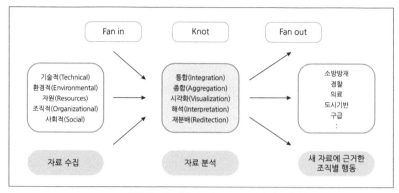

보타이 모델

| Fan in | Knot | Fan out |

기술적(Technical)
환경적(Environmental)
자원(Resources)
조직적(Organizational)
사회적(Social)
→
통합(Integration)
종합(Aggregation)
시각화(Visualization)
해석(Interpretation)
재분배(Redirection)
→
소방방재
경찰
의료
도시기반
구급
:

자료 수집 · 자료 분석 · 새 자료에 근거한 조직별 행동

자료: Comfort(2005:347, 2007:196) 수정: 오윤경(2003:35)에서 재인용

'보타이 모델'이 작동하기 위해서는 무엇보다 가운데 위치한 매듭으로 들어오고 다시 전파되는 정보의 정확성과 신속성이 확보되어야 한다. 그래서 위기 상황에서의 소통, 다른 말로 위기 커뮤니케이션(crisis communication)은 재난 대응 성공의 전제 조건이자 핵심 요소이다. 특히 위기 커뮤니케이션은 상황에 대한 기술적인 정보를 적시에 지속적으로 전파하는 것이 중요하기 때문에 가장 효과적인 매체를 최대한 활용하여 수신자 중심으로 전달하여야 한다(Reynolds & Seeger, 2007:48; 오윤경 외, 2017:95에서 재인용).

위기 정보의 정확하고 신속한 전달을 위해서는 첫째, 정보의 수집, 분석, 전달이 효과적으로 이루어질 수 있는 기술적 여건이 마련되어야 하고, 둘째, 정보의 전달 과정에 있는 각각의 기관이 적극적인 전달자(메신저)로서 수신자가 잘 이해할 수 있도록 전달하는 역할을 충실히 수행해야 한다. 즉 위기 상황의 소통 과정에서 문제가 발생하는 것은 기술상의 한계 또는 담당자의 행태적인 이유에서 나타난다고 할 수 있다.

2021년 5월 개통한 국가재난안전통신망은 위기 커뮤니케이션의 기술적 한계를 극복하기 위한 대대적인 투자 사례이다. 재난안전통신망은 경찰·소방·해양경찰 등 재난 관련 기관이 하나의 통신망으로 소통하기 위한 전국적 통신망으로, 세계 최초로 4세대 무선통신기술(PS-LTE)을 기반으로 구축되었다(행정안전부 보도자료, 2021).

재난 안전 분야의 단일 통신망에 대한 논의는 2003년 대구지하철 참사를 계기로 시작되었으나, 대규모 사업에 대한 사업 방식, 타당성 검토 등의 과정에서의 이견으로 중단되었다. 그러나 2014년 세월호 참사 당시 재난관리 주관 기관별로 각각 다른 무선통신 체계(VHF, UHF, TRS)를 사용하여 상황 공유, 공동 대응 등 통합 지휘 체계가 작동하는 데 한계가 나타나자 재추진하게 되었다(김양순, 2017). 2025년까지 운영비를 포함해 총 1조 5,000여억 원이 투입된 사업으로, 2018년 12월 착공 후 2년 3개월에 걸쳐 통신망 인프라가 구축되었다(행정안전부 보도자료, 2021).

하나의 통신망을 이용함으로써 재난 대응 기관 간 소통이 신속하고 효과적으로 이루어질 수 있다는 점뿐만 아니라, 재난 대응에 특화된 서비스 사용이 가능하다는 점에서 재난안전통신망을 이용한 소통은 더욱 정확한 현장 정보를 전달할 수 있는 강점을 지닌다. 재난안전통신망에서는 일반 상용망과 달리 재난 현장용 음성·영상 그룹 통신(MCPTT), 통화 폭주 해소를 위해 국내에서 개발한 동시 전송 기술(eMBMS) 등이 사용 가능하며, 기존 무선통신망에서 불가능했던 사물인터넷(IoT)·인공지능(AI) 등 첨단 ICT 기술을 사용할 수 있다(행정안전부 보도자료, 2021). 드론으로 촬영한 재난 현장 영상을 실시간으로 확인하며 재난 대응에 필요한 작전을 수립하고, 재난 대응 기관들이 하나의 통신 체계로 신속히 정보를 전달받아 행동할 수 있는 기술적 기반이 만들어진 것이다.

이제 이러한 기술 기반을 활용하여 고도화된 재난 대응을 실행하는 재난 대응 기관들의 역할이 남아 있다. 새로운 기술의 활용은 새로운 업무 처리 방식을 요구한다. 상황의 보고, 자료의 활용, 소통 매체의 활용 등에서 기존과는 다른 새로운 방식으로 업무를 전환하려는 노력이 필요하다. 또한, 재난 대응 상황에서 기관 간 정보가 하나의 통신망을 통해 칸막이 없이 공유될 수 있도록 열린 소통으로의 변화 역시 요구된다. 물론 재난안전통신망 단말기 보급이 확대되고, 다양한 재난 대응 특화 서비스를 개발하는 등 기술적인 과제가 아직 남아 있지만, 재난 대응 시 일하는 방식과 소통의 행태를 바꾸는 과제에 더 많은 고민이 필요할 것이다.

chapter

05

공포 vs. 유토피아

재난이 일어나면 사람들은 어떻게 행동할까?

할리우드 재난 영화나 언론에 나타난 모습에 따르면 재난 피해자는 일반적으로 공포에 질려서 비합리적으로 행동한다. 공포에 질려 도망치거나 충격을 받아 목적 없이 방황한다. 재난으로부터 충격을 받은 후에는 자신이나 다른 사람을 보호하지 못하고 자기 재산도 지킬 수 없다. 따라서 정부나 외부의 도움이 필요하다. 또한, 사회 질서가 무너지고 피난 지역의 약탈과 범죄의 증가로 이어진다. 이처럼 일반적인 통념은 "재난 피해자가 충격, 수동성 또는 공황 상태로 재난에 반응한다"는 것이다(Drabek, 1997). 재난 영화에서도 보면 소수의 '예외적인' 개인이 겁에 질리고 수동적인 희생자를 안전한 장소로 인도한다(Wenger, 1980).

공포(panic)는 재난 발생 시의 대표적인 인간 행동으로 믿어진다. 많은 사람이 그렇게 믿고 있지만, 과학적인 연구와 현실을 보면 공포는 사실이 아니다(김만재, 2007). 재난이 발생한 후 다치지 않은 피해자는 대부분 가장 먼저 생존자를 찾고, 부상자를 보살피며, 추가 피해로부터 재산을 보호하는 다른 사람들을 돕는다. 지진 발생 후 희생자를 찾기 위해 자발적으로 단결하여 잔해를 헤집고 있는 수천 명의 자원봉사자에 의해 입증된 것처럼 피해를 본 사람들은 충격을 받고 무력한 것이 아니라 재난 상황에서 새로운 힘을 찾는다(WHO, 2019). 또한, 반사회적 행동의 소수 사례가 있기는 하지만 대다수 사람은 자율적이고 관대하게 행동한다(WHO, 2019).

많은 연구와 사례는 '재난 유토피아'를 증명한다. 재난을 마주하는 평범한 사람들은 재난을 극복하기 위해 놀라울 정도로 이타적인 모습을 보여 주고 공동체 정신을 발휘한다. 자발적으로 음식과 생필품을 나누고, 그전까지는 얼굴도 몰랐던 이웃들이 서로를 위로한다. 물론 소수의 사람이 약탈이나 폭력 등의 범죄를 저지르지만, 극히 일부이다(솔닛, 2012).

'타인들을 돕고자 하는 열망'(솔닛, 2012), 그것은 재난이 발생한 곳이면 어디서나 발견된다. 2007년 충남 태안 앞바다에서 허베이 스피리트(Hebei Spirit)호 유류 오염 사고 당시 참여한 자원봉사자의 수는 기네스북에 기록될 만하다. 유류 오염 사고 소식을 들은 자원봉사자들이 전국에서 태안으로 향했다. 사고로 인한 피해가 극심했던 12월에는 최대 44,511명이 방재에 참여할 정도로 자원봉사자들의 열기는 뜨거웠다. 방재가 마무리 단계에 들어간 2008년 6월까지 방재에 참여한 자원봉사자의 수는 무려 123만 명이었다(충청남도, 2018).

코로나19 사태 이후 성숙한 대구 시민들이 보여 준 것처럼 재난 속에서도 인간은 공포의 노예로 전락하지 않는다. 자기 욕망을 억제하고 약자를 배려한다. 위험을 무릅쓰고 헌신하는 의사와 간호사가, 병원 앞에 남몰래 걸어 놓은 마스크가, 누군가 보내 주는 음식이, 외출과 모임을 자제하는 거리두기 실천이 그 증거다(장은수, 2020).

코로나19로 확진자 수가 빠르게 늘어나면서 세계 곳곳에서 식량이나 생필품 등의 사재기 현상이 발생했다. 심지어 미국에서는 화장지 품귀 현상이 나타나기도 했다. 미국의 대통령까지 나서서 사재기를 자제해 달라고 당부하기도 했다. 일본에서는 쌀 사재기로 시장에서 품귀 현상이 나타나기도 했다. 이런 사재기의 원인은 무엇보다 집단적인 두려움과 불안으로 볼 수 있다(임대환, 2020.4.2.). 이 같은 심리적 불안감은 코로나19 사태 초기 약국 앞에 마스크를 사기 위해 줄을 섰던 우리나라에서도 짧게 관찰되기도 했다(김은영, 2020.6.9.).

그러나 전 세계를 휩쓸면서 발생한 생필품 사재기 현상이 우리나라에서는 보이지 않았다. 일부 온라인 쇼핑몰에서 잠시 배송이 지연되는 사태가 발생했을 뿐이었다. 이에 대한 이유로 사스나 메르스 사태를 통해 '학습 효과'가 있었다는 분석부터 평소에도 음식을 저장해 놓는 우리 민족의 특성까지 언급되기도 했다. 또한, 최근 몇 년 사이 급성장한 우리나라의 택배 시장이 원인으로 꼽히기도 했다(임대환, 2020.4.2.). 그러나 정신건강 전문가들은 국내 코로나19 사태가 확산하면서 시작된 '심리 방역' 덕분이라고 설명하고 있다(You et al., 2020).

심리 방역의 노력으로 처음 겪어 보는 감염병 재난에 대한 공포를 줄임으로써, 재난 상황에서의 과잉 행동보다는 정부의 방역 조치에 순응하고 협력하는 결과를 낳았다고 볼 수 있다. 재난 상황에서 과도한 공포보다는 서로 돕고 협력하는 인간 본성이 효과적인 재난 대응으로 이어질 수 있다.

정보의 진공 상태 vs. 인포데믹

　재난은 한 번에 수많은 인명 피해나 큰 재산 피해를 일으키고, 자주 발생하지 않는 사건이기 때문에 언론의 취재와 보도가 집중되는 초점 사건(focusing event)이다(Birkland, 1997). 법적·제도적으로 재난이 발생하면 언론은 재난에 집중할 수밖에 없다. 「방송통신발전 기본법」 제40조에 따라서 방송 사업자는 의무적으로 재난이 발생하거나 발생할 우려가 있는 경우에는 그 발생을 예방하거나, 대피·구조·복구 등에 필요한 정보를 제공하여 그 피해를 줄일 수 있는 재난방송을 해야 한다. 게다가 한국방송공사(KBS)는 재난방송의 주관 방송으로도 지정되어 있다. 재난방송이나 보도를 소홀히 하면 방송 평가에 반영되고 재허가에 영향을 미칠 수 있다.

　재난이 발생하면 상황이 긴박하므로 정부나 지방자치단체도 현장의 상황을 단시간에 정확하게 파악하기 어렵다. 현장에 출동한 소방이나 경찰, 해경은 현장 상황 수습에 중점을 두기 때문에 관련된 정보를 언론에 즉각적으로 제공하지 못하는 경우가 있을 수 있다. 따라서 재난이 발생하면 초기에는 언론에 정보가 제공되지 못하는 '정보의 진공 상태(information vacuum)'가 발생하기 쉽다(최진봉, 2015). 정보의 진공 상태라는 것은 다른 말로 표현하자면 '재난에 관해 국민이 가지는 합리적 질문에 대한 적절한 정보가 존재하지 않는다'는 의미이다.

재난에 관련된 정보가 계속적으로 신속히 언론에 제공되지 않아 정보의 진공 상태가 발생하면 언론은 사건의 목격자나 피해자 또는 사건이 발생한 주변 지역의 주민을 취재한 정보를 바탕으로 기사를 작성해서 보도하게 된다(최진봉, 2015). 이런 사건과 관련된 사람들의 증언으로 사실보다는 '사실화된 정보'가 생산, 유통될 위험성이 높다(최진봉, 2015). 재난이 발생하면 언론은 취재 경쟁을 벌이게 되고, 뉴스통신사가 작성한 기사를 공유하는 현재의 언론 환경에서는 '사실화된 정보'의 생산 유통이 더욱 가속화할 수 있다.

정보의 진공 상태에서는 여러 정보를 신속히 흡입해서 진공 상태를 해소하고자 하는 경향이 있다. 정보의 진공 상태는 다양한 이해관계자로부터 전해지는 통제할 수 없는 정보들로 메워진다. 사실관계 확인이 되지 않은 정보, 사실이 아닌 정보, 부정적 의도가 숨겨져 있는 정보가 넘쳐나게 된다. 일단 정보의 진공 상태가 해소된 공간에서는 더욱 부정확하고 부정적인 정보들이 계속 분열해서 극도로 다양해진다. 이 수준이 되면 위기관리 주체가 손을 쓸 수 없는 수준에 이르게 된다(정용민, 2019.2.21.).

인터넷과 소셜미디어가 발달하면서 정보의 전파 속도가 매우 빨라졌다. 페이스북, 트위터, 텔레그램, 인스타그램, 위챗, 카카오톡 등 다양한 소셜미디어를 통해 몇 분 안에 정보가 전 세계로 퍼진다. 디지털화는 재난 상황에서 정보 진공 상태를 빨리 메우는 데는 도움이 될 수 있다. 그러나 문제는 정보의 전파 속도를 검증이 따라갈 수가 없어서 유해 메시지를 증폭시킬 수 있다는 점이다(WHO 누리집). 질병이 창

궐하는 동안 디지털 및 물리적 환경에서 잘못된 정보나 오해의 소지가 있는 정보를 포함하는 너무 많은 정보가 매우 빠르게 확산되는 현상이 '인포데믹(infodemic)'이다(WHO 누리집). 인포데믹은 정보 전염병(information epidemic)의 합성어로 2003년에 SARS와 관련하여 처음 제기된 개념이다(Rothkopf, 2003.5.11.).

인포데믹은 주류 언론, 인터넷, 휴대전화, 문자 메시지, 팩스, e메일, 소셜미디어와 같은 비공식 미디어까지 가세하는 복합적인 현상이다. 공포, 추측, 소문이 뒤섞인 몇 가지 사실이 현대 정보 기술에 의해 증폭되고 전 세계적으로 신속하게 전파되어 현실과 완전히 다른 불균형한 방식으로 경제, 정치 및 안보에 영향을 미친다(Rothkopf, 2003.5.11.).

실제 우리나라에서도 다양한 가짜 뉴스와 잘못된 정보, 허위 정보, 루머 등이 포함된 인포데믹이 보건 당국의 대응을 어렵게 만들고 있다. 보건복지부가 운영하는 '코로나19 팩트 & 이슈 체크'에는 다양한 검증 내용이 올라와 있다. 예를 들면, (1) 진단검사 결과를 믿을 수 없다, (2) 손 세정제는 효과가 없다, (3) 세균이 안티프라민을 싫어해서 코, 입, 손 등에 안티프라민을 바르면 예방할 수 있다 등이다. 그 외 논란이 컸던 내용 중 하나는 "코로나19 대응 과정에서 정부와 의료기관이 의도적으로 검사를 축소해 확진자 수와 전파 규모를 조절한다."라는 것이다. 이 내용은 21대 국회의원 선거를 앞두고 일부 신문에 비중 있게 보도된 바도 있다. 정은경 당시 질병관리청장은 질병관리청에 대한 국정감사에서 가장 어이가 없었던 가짜 뉴스로 "백신이 유전자를 조작한다"를 꼽았다(이형진, 2021.10.6). 실제로 코로나19 유행 초기에는 정확하지 않은 정보로 방역이 필요 없는 곳에 방역을 요청하는 경우 과잉 대응으로 이어진 예도 있었다. 이러한 가짜 뉴스는 실제 현장에서 방역을 담당하는 역학조사관과 관련자가 본연의 업무에 집중하는 것을 어렵게 만든다(오범조, 2021.6.28).

재난 상황에서는 재난 현장에 대한 과장 보도, 악의적 허위 정보는 물론 상황 파악이 어렵다는 불확실성으로부터 기인하는 허위 정보의 확산 사례가 더 많다고 할 수 있다. 허위 정보의 확산은 사회적 불안감을 증폭시키는 것은 물론, 재난으로 인한 피해자의 혼란과 정부와 지방자치단체의 대응 역량을 저해하고 복구를 지연시킨다(류현숙·김경우, 2019). 감염병 상황에서는 건강을 해칠 수 있는 위험을 감수하는 행동을 유발하고, 보건 당국에 대한 불신으로 공중보건 대응을 약화한다(WHO 누리집). 감염병 자체보다도 더 넓고 더 큰 영향을 미쳐 더 큰 비용이 들고 공중보건 위기를 통제하고 억제하기 더 어렵게 만드는 것이 인포데믹이다(Rothkopf, 2003.5.11).

공무원이 입는 노란 옷은 무엇인가?

코로나19가 장기간 지속되면서 우리는 TV에서 노란 옷을 입은 대통령과 공무원을 자주 보게 되었다. 미국이나 유럽, 중국, 일본의 정부 수장이나 공무원이 평상복 차림으로 언론에 나오는 데 비해, 노란 옷을 입는 것은 우리나라만의 특수한 상황이다. 노란 옷을 입은 공무원을 보면 몇 가지 의문이 생긴다.

먼저, 우리나라 공무원이 입는 노란 옷은 무엇일까? 노란 점퍼의 정체는 '민방위복'이다. 전쟁·재난 등의 국가 비상사태인 민방위 사태 발생 시에 민방위 대원이 입는 점퍼가 '민방위복'이다. 민방위 사태에 재난이 포함되기 때문에 재난 발생 시에 민방위복을 입는 것은 법률적으로는 적합하다. 더욱이 민방위 복제 관련 규정에도 재난 현장에서 민방위복을 입을 수 있다고 규정하고 있다.

둘째, 왜 민방위복을 입을까? 민방위복은 기본적으로 민방위 대원이 입는 옷이다. 공무원이 민방위복을 입어야 한다는 명문의 규정은 없다. 그러나 공무원이 민방위복을 입으면 시각적으로 위기 상황임을 국민에게 보여 주고 경각심을 일깨우는 효과와 위기를 헤쳐 나가고자 하는 의지를 표현하는 효과가 있을 수 있다고 보고 있다. 민방위

복제에는 민방위복 이외에도 모자와 완장도 있다. 그러나 재난 상황에서는 모자와 완장은 착용하지 않고 민방위복만 착용하고 있다.

셋째, 민방위복은 왜 노란색일까? 민방위복의 색상은 노란색이 아니라 연두색이 가미된 노란색(라임색)이다. 민방위 활동은 인도적이고 방어적인 활동이어서 비군사적 활동을 전제로 공격이나 보복의 대상이 되지 않는다는 제네바 협약에 따라 라임색으로 정해 입는 것이다. 하지만 현재 민방위복이 제정되기 이전 1975년 민방위가 창설된 후부터 2005년까지는 지금과 다른 디자인에 탁한 황갈색(카키색) 민방위복이었다. 2005년 당시 행정자치부가 민방위대 창설 30주년을 맞아 민방위복을 역동적이고 활기찬 이미지를 담아 새로 제작했고, 이것이 지금의 민방위복이 됐다.

다른 나라의 경우는 재난이 발생하더라도 공무원이 통일된 제복을 입는 경우는 찾아보기 어렵다. 참고로 미국 대통령은 군대 방문 등 군 통수권자의 이미지를 보여 주고자 하는 경우나 비상사태 시에 미국 대통령을 상징하는 독수리 문양이 들어 있는 항공기 조종사 점퍼(bomber jacket)를 입는다. 일본 총리는 재난 현장 등을 시찰할 때 종종 푸른색 계통의 방재복을 입는다. 중국 국가주석은 검은색 점퍼를 자주 입는다.

'판도라'와 '터널' 등 최근 인기 있었던 한국 재난 영화에서 사태에 책임을 지지 못하는 공무원이 민방위복을 입고 등장하면서 민방위복에 대한 국민의 인식에 부정적인 영향을 미치기도 하였다(윤창수, 2017).

행정안전부는 17년 만에 민방위복의 개편을 추진하고 있다. 2023년부터는 변화된 민방위복을 볼 수 있을 것이다.

재난 대응이 실패하는 이유?

　생각지도 못한 순간에 갑자기 찾아오는 재난이라는 불청객은 정부의 재난 대응을 무용지물로 만들어 버리기 일쑤이다. 반복적으로 발생되는 재난의 상황 속에서 정부는 정책 대응 방안을 마련하고 사전 예방과 대비를 하지만 매번 재난 대응에 실패하는 이유를 경험의 함정에서 찾을 수 있다. 우리는 재난이라는 축적된 경험을 통해서 다음번에는 똑같은 실수를 반복하지 말아야 한다고 다짐하지만, 마음과 같지 않게 늘 막대한 인명과 재산 피해를 남기는 실망스러운 결과로 종결되는 경우가 많았다. 재난 대응에 실패하는 이유를 크게 과학적 재난 예측의 어려움, 과거로 회귀하는 인간의 관성, 재난 대응 조직과 성과 관리의 측면으로 나누어 생각해 볼 수 있다.

　재난 발생에 대비하여 전문가 그룹이 과학적인 통계 기법을 사용하여 재난 발생 가능성을 예측한다. 전문가 그룹은 재난 발생 가능성에 대해서 보수적인 예측을 할 수밖에 없으므로 이들이 내놓는 위험 발생 가능성을 일반인들은 현실보다 다소 과장되고 부풀려져 있다고 생각하기도 한다. 이러한 과학자들의 경고에도 불구하고 우리는 재난에 속수무책 당할 수밖에 없다. 불특정 시점에 반드시 찾아오는 재난의 사례

수가 충분하지 않은 점도 있지만, 예상 가능한 시나리오 예측과 시뮬레이션 등의 방법을 동원한다고 해도 재난은 기존과 다른 새로운 유형과 방식으로 예기치 않게 찾아온다.

그렇다면 전문가들의 과학적인 예측이 사람들의 불안감만 조장하고 전혀 무용지물이 아니냐는 반론이 제기될 수 있다. 그럼에도 불구하고 전문가들의 과학적인 예측을 더욱 신뢰하고, 다양한 방법론을 개발하여 더욱 정교한 예측 시스템을 발전시켜 나가는 것이 더 현명한 대처가 될 것이다. 블랙스완처럼 예외의 경우를 제외하고, 지금까지 축적된 사례에 더해 사례를 늘려나가면서 발생 가능한 여러 가지 경우의 수를 늘려가는 것이 가장 최선이기 때문이다.

다음으로 과거로 회귀하려는 인간의 관성 때문이다. 본래 인간은 닥치지 않은 불확실한 위험에 대해서 걱정하고 불안해하며, 이에 대해 예방하고 대비하여 피해를 회피하고 싶은 성향을 가지고 있다. 인간은 미래의 불확실성과 변동성으로부터 자유롭고 싶은 성향이 있으면서, 자기 경험을 통해서 확고한 주관을 형성하고, 선택과 결정의 수월성과 용이성을 위해서 편견과 선입견을 품으며, 익숙한 것에서 편안함을 느끼는 특성도 더불어 가지고 있다. 오랫동안 재난을 직·간접적으로 경험하지 않았을 경우, 앞으로의 미래도 비록 불확실하기는 하겠지만 지금과 같은 평화로움이 지속될 것이라는 기대와 바람을 확신과 믿음으로 갖게 된다. 일상생활을 영위해 나감에 있어서도 항시 재난에 대한 긴장과 대비 태세를 유지하면서 생활하기는 어려움이 따른다. 일상생활의 희로애락을 경험하면서 재난의 심각성과 위험성을 망각하기도 하고, 사고와 행동의 우선순위에서 발생하지 않은, 발생할 가능성이 적은 재난은 자연스럽게 후순위로 밀려나게 된다.

마지막으로, 재난 대응 조직과 성과 관리의 문제이다. 오늘날 학계를 중심으로 재난에 대응하는 정부의 상시 대응 조직의 필요성이 강조되어 왔다. 재난의 예방, 대비, 대응, 복구의 각 단계에 효과적이고 일사불란한 조치가 가능하기 위해서는 하나의 독립된 전문 조직이 있어야 한다는 것이다. 과거에는 국내는 물론이고 해외의 재난관리 시스템의 문제로 정부 간 협력 체계의 붕괴, 강력한 컨트롤타워의 부재 등이 지적되었다(고동현, 2015; 이동규, 2017). 하지만 이러한 거대한 조직을 재난이 발생하지 않는 평시에 유지·운영하는 데에는 막대한 비용 소모와 자원 낭비가 발생한다. 이들이 온전히 재난 업무에만 집중하고 한정된 예산이 이들을 위해서 지출되기에는 조직 운영 측면에서 볼 때 그렇게 합리적이지 못하다. 그래서 최근에 단일 조직에 의한 재난관리보다 여러 관계 기관 간 협업에 기반한 재난 협력 거버넌스가 두드러지는 이유이기도 하다.

이와 함께 정부의 재난 대응에 있어서 대내외적으로 구체적인 성과가 공표되는지도 쟁점이 될 수 있다. 재난관리 업무 특성상 평시에 재난에 대한 예방과 대비를 하는 것은 잘 드러나지 않지만, 재난이 발생했을 때 재난에 대한 대응과 복구를 하는 노력은 눈에 잘 보인다. 이러한 이유로 성과 측면에서 전자보다 후자가 더 높이 평가되는 경향이 있어, 예방과 대비를 하는 관계자들의 수고와 노력은 잊히기 십상이다. 조직에서는 위기의 상황을 불러일으킨 사람들이 해당 사건을 은폐하고 축소하는 경향도 있다. 이것은 동일 혹은 유사한 사고를 직면할 수 있는 다른 사람들이 타산지석으로 삼을 수 있는 기회를 사장해 버리는 것이다. 실제 재난 주무 부처는 집중된 비난에 대하여 다양한 다른 행위자를 다시 비난하고 책임을 전가하는 등의 비난 회피 전략을 사용하기도 한다(박치성·백두산, 2017). 조직의 필요성과 운영상의 효율성 간의 충돌, 성과지상주의 조직 문화 등은 재난의 대응을 실패하게 만드는 중요한 원인이 된다.

공무원은 왜 재난 업무를 싫어하나?

2020년 산림청 공무원 노동조합원 등을 대상으로 '만성과로 노출 직위'를 조사한 결과 '산불방지과'가 가장 많은 득표를 한 것으로 나타났다(박승기 2020). 봄·가을철에 산불 조심 기간이 정해져 있으나 기후 변화 등으로 수시로 산불이 발생하면서 산불방지과는 1년 내내 재난부서가 됐다. 주말과 휴일도 없는 열악한 근무 환경으로 선호도가 가장 낮은 것으로 나타난 것이다.

이처럼 재난이나 안전 업무를 담당하는 부서는 대표적인 격무 부서라 업무량이 많다. 지방자치단체 재난부서 공무원의 업무를 예로 들어 보면 그 어려움을 이해할 수 있다. 먼저, 봄철이 되면 가뭄이 발생하는 경우가 많다. 가뭄의 경우 단기적인 대책은 한계가 있으나 담당 공무원은 피해 상황을 파악하고 비상 급수나 저수지 준설 등의 작업을 하게 된다. 5월부터 10월까지 여름철 재난 대책 기간에는 비가 오거나 태풍이 올라오면 밤을 새우는 일이 비일비재하다. 최근에는 기후 변화로 여름철 재난 대책 기간이 점점 길어지고 있다. 폭설과 한파 등에 대비하는 겨울철 재난 대책 기간이 바로 따라서 온다.

자연 재난뿐 아니라 화재나 화학 사고 같은 사회 재난이 수시로 발생하기 때문에 재난 업무를 담당하다 보면 밤낮을 가리지 않고 오는 재난 상황 문자로 인해 항상 긴장하게 되고 휴일이나 밤에도 긴급하게 출근해서 대기하는 경우가 많다.

새롭게 나타나는 재난들도 업무를 가중하는 요인이 되고 있다. 최근에는 구제역, 조류인플루엔자, 아프리카돼지열병 같은 가축 질병이 연례행사처럼 반복되고 있고, 메르스, 코로나19와 같은 신종 감염병이 연이어 발생하고 있다. 이러한 재난은 장기간 계속되는 특성이 있어서 한 번 발생하면 장기간의 비상근무와 현장 근무가 불가피하다. 게다가 우리나라는 지진의 안전지대로 인식되어 왔으나 최근 경주와 포항 지진에서 알 수 있듯이 우리나라도 결코 지진의 안전지대라고 보기 어려워졌다.

일부 수당을 더 주고 근무평정에서 가점을 주는 제도 등의 인센티브 제도들이 시행되고 있으나 재난 업무를 담당하는 공무원이 느끼는 인센티브는 여전히 부족하고 재난 업무는 매력적이지 않다.

대형재난이 발생하면 정부의 책임 문제가 불거지고, 공무원은 불이익뿐 아니라 처벌을 받지 않을까 하는 우려를 하게 된다. 그래서 재난 업무는 성과를 내는 업무가 아니라 잘해야 본전인 업무라고 인식하게 될 수밖에 없다. 다양한 업무를 선택할 수 있고 순환보직이 가능한 지방자치단체에서 재난 업무는 기피 업무 1순위가 되는 것은 어찌 보면 당연한 귀결이다. 따라서 본인 의지와 상관없이 재난 업무를 담당하는 공무원은 1년도 못 채우고 다른 부서로 이동하는 경우가 많아지게 된다.

최근 정부는 재난 업무 담당 공무원의 장기 근무를 유도하고 전문성을 기르기 위해 다양한 제도를 도입하고 있다. 민간 전문가를 경력직으로 채용하거나 일정 기간 이상 재난 업무에 종사하는 이들에게 수당과 인사상의 특전을 제공하는 전문관 제도를 신설한 바 있다. 동시에 재난 업무만을 담당하는 방재안전직 공무원을 별도로 구분하여 채용하고 있다. 국민의 생명과 안전을 지키는 재난관리 업무가 소홀해지지 않도록 재난 담당 공무원에 대한 합당한 인력 관리 체계가 마련되어야 한다.

PART 5

Post-Event: 재난 이후

재난을 당하면 어떤 도움을 받을 수 있을까?

재난 및 사고는 누구나, 언제, 어디서나 당할 수 있다. 이에 국가는 「재난 및 안전관리 기본법」,「재해구호법」등 관계 법령에 따라 재난 및 사고를 당한 피해 주민에게 긴급 구호 활동 및 재난지원금 지급 등의 직접 지원뿐만 아니라 세금 감면 등의 간접 지원도 시행해 오고 있다.

대규모의 재난 상황에서, 정부에서는 피해가 발생하였거나 피해가 발생할 것으로 예상되는 경우, 신속히 주민(이재민, 일시대피자 등[1])을 임시 주거시설(학교, 체육관, 종합복지센터, 마을회관, 연수시설 등)로 대피시켜 안전을 확보하고, 임시 생활에 필요한 급식 및 구호 물품 등을 제공한다. 여기서 제공되는 구호 물품으로는 응급 구호 세트와 취사 구호 세트가 있으며, 응급 구호 세트는 담요, 칫솔, 수건, 화장지, 베개, 면장갑, 간소복, 속내의, 양말, 바닥용 매트, 슬리퍼, 안대, 귀마개, 면도기, 개별 구호 물품(치약, 물티슈, 생수, 생리대)으로 구성되어 있고, 취사 구호 세트는 가스레인지, 코펠, 수저, 세탁비누, 세탁 세제, 주방 세

---

1) '이재민'은 「재난 및 안전관리기본법」 제3조제1호에 따른 재난으로 인한 피해를 입은 사람으로서 주거 시설의 손실 정도 등 대통령령으로 정하는 기준에 해당하는 재해를 입은 사람, '일시대피자'는 재해가 예상되어 일시 대피한 사람으로 정의되어 있다.

제, 고무장갑, 수세미, 개별 구호 물품(쌀 10kg, 부식류, 고추장, 김치, 부탄가스, 살균·표백제 등)으로 구성되어 있다.

또한, 일시대피자 및 이재민이 임시 주거시설에서 생활하는 동안에는 응급 치료와 심리 회복 지원이 제공되며, 병원 시설의 치료가 필요한 경우에는 해당 치료비를 정부에서 지원해 준다. 재난으로 사망자가 발생한 때에는 정부가 장례 지원반 설치, 장례식장 및 화장장 확보, 장의 차량 확보 등의 각종 장례 지원[2]을 하고, 유족에게는 도의적 차원에서 통상적 수준의 장례비를 지원한다. 장례비의 경우는 사망한 사람의 연고자가 있으면 법적 기준에 따라 연고자에게 장례비를 지급하고, 연고자가 없는 경우에는 시장·군수·구청장이 대신 장례를 시행한다.

재난 상황이 종료되면 일시대피자는 귀가하고, 주거시설의 피해를 본 이재민에게는 주거시설을 복구하는 동안에 거주할 수 있도록 임시 주거용 조립주택을 지원하며, 이재민이 요청할 때 공공주택 사업자(LH 공사 등)의 임대주택을 지원한다. 임시 주거용 조립주택은 2007년 이전까지는 주거용 컨테이너가 지원되었지만, 2007년 이후 국민성금을 활용하여 임시 주거용 조립주택을 개발하여 지원하고 있다.

그리고 정부는 주거시설 및 영농업·수산업 등의 생업 활동에 피해를 본 이재민들에게는 관계 법령에 따라 구호금, 생계비, 주거비, 구호비, 교육비 및 복구비(농업·어업·임업·염 생산업 피해 시설) 등의 항목으로 재난지원금을 직접 지원하고 있다.

---

2) 제천시 복합건물 화재(2017.12)의 경우, 발생 즉시 사망자 유가족과 담당 공무원을 1:1로 지정한 후 유족 조서 작성 지원 등 검사 지휘 요건 신속 진행, 장례 절차 안내 등을 진행하였다.

정부 재난지원금 항목 및 지원액

구분	지원 대상		지원액
구호금	·가구 구성원이 사망·실종한 유족		·2,000만 원
	·산업재해보상보험법에 따른 신체장해 14급 이상 부상자	장해 1~7급	·1,000만 원
		장해 8~14급	·500만 원
생계비	·주소득자(가구원 중 소득이 가장 많은 사람) 사망·실종·부상 또는 휴폐업·실직		·「긴급지원 지원 금액 및 재산의 합계액 기준(고시)」의 생계 지원 금액에 따름 ① 1인 가구 488,800원 ② 2인 가구 826,000원 ③ 3인 가구 1,066,000원 ④ 4인 가구 1,304,900원 등
	·주생계수단(가구 총수입액의 50% 이상을 차지하는 생계수단) 농·어·임업·염 생산업 시설 50% 이상 피해		·「긴급지원 지원 금액 및 재산의 합계액 기준(고시)」의 생계지원 금액에 따름 ① 1인 가구 488,800원 ② 2인 가구 826,000원 ③ 3인 가구 1,066,000원 ④ 4인 가구 1,304,900원 등
주거비	·주택 피해(전파·반파, 유실)로 거주 불가능 ·세입자 보조		·전파 1,600만 원 ·반파 800만 원 ·세입자는 600만 원 이내 보증금 또는 6개월간 임대료
	·피해 예상으로 주거 불가능 ·재난 수습 필요에 따라 이주한 경우		·150만 원 이내 *최대 30일
구호비	·주택 피해(전파·반파, 유실)로 거주 불가능		·8,000원(일/인) *전파 60일, 반파 30일
	·재난 영향으로 거주지 생활 곤란 ·가족의 실종으로 현장 인근 생활 또는 격리 등		·8,000원(일/인) *최대 30일
교육비	·생활안정지원 대상 가구의 고등학생		·교육감 고시 수업료(6개월분) *지역별 상이
복구비	·농업·어업·임업·염 생산업 피해시설 대상 *「자연재난조사 및 복구계획수립 지침」 따라 조사		·「자연재난 구호 및 복구비용 부담 기준 등에 관한 규정」 따라 지원

* 출처: 자연재난조사 복구계획 수립지침(행정안전부, 2021)·사회재난 구호 및 복구 업무편람(행정안전부, 2022)

또한, 정부는 앞에서 언급한 피해 주민에게 직접 지원되는 재난지원금 외에도 각종 공과금을 경감·면제하거나 납부를 유예하는 등의 간접 지원을 시행하고 있다.

간접 지원에는 국민연금 납부 예외, 국세·지방세 납세 유예, 상속세 감면, 국민연금 납부 유예, 상하수도요금 감면, 복구 자금 융자, 농기계 수리 지원, 측량 수수료 감면, 무료 법률상담, 병역의무 이행 기일 연기 등이 있다. 또한, 만약 재난이 발생한 지역이 특별재난지역[3]으로 선포될 때는 국민건강보험료 감면 및 연체금 징수 예외, 고용산재보험료 경감, 도시가스 및 지역 난방 요금 감면, 전기료와 통신 요금 감면, TV 수신료 및 전파 사용료 면제, 농지보전부담금 면제, 병역동원 및 예비군 훈련 면제 등이 추가로 지원된다.

일반적으로 소규모의 재난이나 사고가 발생하면 이재민에게 지원하는 재난지원금과 피해 시설물 복구비를 해당 지방자치단체의 재원으로 해결한다. 하지만 대규모의 재난이나 사고가 발생하면 지방자치단체의 재정만으로 재난 피해를 수습하기에는 부족하므로, 대통령이 해당 지역을 특별재난지역으로 선포하고 피해 복구에 국가의 재정을 투입하게 된다.

이재민이 매우 많이 발생한 국가적 재난의 경우에는 국가 재정이 투입되더라도 이재민에게 직접 지원되는 금액은 충분하지 않은 것이 현실이다. 이런 경우에는 정부 또는 민간단체에서 관계 법령에 따라 국민 성금[4]을 모집한 후, 이재민들에게 추가로 피해 복구에 필요한 것을 지원할 수도 있다.

---

3) 특별재난지역의 선포는 「재난 및 안전관리 기본법」 제60조에 따라 대규모 재난이 발생한 지역의 지방자치단체장이 해당 지역을 특별재난지역으로 요청한 경우, 중앙재난안전대책본부장은 중앙위원회의 심의를 거쳐 대통령에게 이를 건의하고, 대통령이 선포하게 된다.

4) 자연재난의 경우「재해구호법」에 의거 의연금품을 모집하고, 사회재난의 경우는「기부금품의 모집 및 사용에 관한 법률」에 의거 기부금품을 모집할 수 있다.

재난 경험 후, 불안해요

아직도 생생하게 기억하고 있는 '대구지하철 화재(2003)', '세월호 참사(2014)', '제천 스포츠센터 화재(2017)', '밀양 세종병원 화재(2018)' 등은 재난 피해 지원이 종료되었음에도, 당시 재난 생존자 중 일부는 지금까지도 일상생활에 적응하지 못하고 정신적 고통을 겪고 있다.

최근 연구 사례에서 보면, 재난 생존자뿐만 아니라 구조, 구호, 복구 등에 참여한 현장 종사자와 자원봉사자, 그 밖에 재난을 직접 목격한 사람들5) 중에서도 당시의 끔찍한 경험이 떠올라 공포와 슬픔에 빠져 일상생활이 불가능한 상태에 이르는 등 심각한 정신적 후유증을 경험하는 것을 볼 수 있다.

재난이 발생하면 사람들은 충격적이고 두려운 상황을 당하거나 목격하게 되는데, 이를 '정신적 외상(trauma)'이라 한다. 정신적 외상은 일반적으로 갑작스럽게 일어날 뿐만 아니라, 경험하는 사람들에게 일반적 대응 능력을 압도하는 극심한 스트레스를 주게 되는데, 이를 '외상 후 스트레스(PTS: Post-Trauma Stress)'라고 한다(임현우, 2019).

---

5) 재난 생존자, 재난 피해자 등과 비교하여 이를 재난 경험자라 지칭한다.

외상 후 스트레스는 보통 시간이 지나면 사라지게 되지만, 그러한 정신적 외상이 지나갔음에도 불구하고 계속해서 그 당시의 충격적인 기억이 떠오르는 등 심리적 악영향을 주는 것을 '외상후스트레스장애', 즉 PTSD(Post – Trauma Stress Disorder)라고 한다(임현우, 2019).

재난 이후 겪는 외상 후 스트레스는 당사자뿐만 아니라 장기적으로 가족과 사회 등에 악영향을 줄 수 있어서 이를 방치하면 사회적 병리 현상으로 발전하고 결국 사회 비용의 증가를 초래하게 된다. 오히려 이는 재난으로 인한 물질적 피해보다 더 심각한 문제가 될 수도 있다(임현우, 2019).

하지만 재난 피해자에 대한 정부 지원은 대부분 물질 보상 위주로 이루어져 왔다. 즉 재난 피해가 발생하면 우선 재난 피해자에 대한 의식주 위주의 긴급 구호 활동을 실시한 이후, 피해 시설에 대한 신속한 복구 활동 등을 통해 재난 피해자가 일상생활에 복귀할 수 있도록 지원하는 방식이었다.

최근 들어 정부는 재난이 종료되더라도 생존자나 재난 경험자 중 일부는 정신적 불안으로 인해 일상생활로 복귀하는 것이 어렵다는 사실을 알고, 과거의 물질적인 지원뿐만 아니라 심리적 안정과 일상회복 복귀를 돕기 위한 '재난심리회복지원' 정책을 도입하였다.

'재난심리회복지원'이란 재난 경험자와 초기 신뢰 형성을 바탕으로 심리 상담 활동을 통해 재난 경험자에 대한 심리적 지원과 사회 적응을 지원하는 일련의 활동이다. 다시 말해 외상후스트레스장애 등과 같은 정신질환으로 악화하는 것을 예방하기 위한 현장 중심의 심리 상담 활동이라고 할 수 있다.

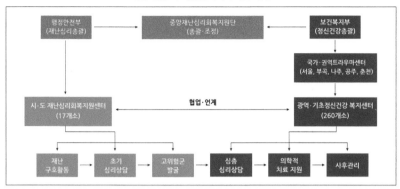

재난 발생 시 재난심리회복지원 체계

출처: 행정안전부 재난심리회복지원 업무 매뉴얼

위의 체계도에서 보듯이 재난이 발생하면 재난심리회복지원센터에서 현장 방문과 전화 등을 통한 심리 상담과 고위험군을 발굴하여 의학적 치료가 필요한 경우에는 전문 의료기관으로의 치료 연계 조치[6] 업무까지 수행한다. 정신건강복지센터에서는 고위험군(PTSD 포함)을 대상으로 트라우마 등의 정신건강 평가 및 상담을 담당하고, 지속적인 관리·모니터링이 필요한 사례는 국가·권역 트라우마센터로 연계되어 관리한다.

정부에서는 '재난심리회복지원' 정책의 효과성을 높이기 위해, 재난 피해자 마음 돌봄을 위한 '마음 구호 영상' 제작·보급 및 재난 경험자의 심리 상태에 따른 '마음 구호 프로그램' 개발·보급 등 재난 피해자의 일상 회복에 필요한 다양한 정책을 지속해서 발굴·운영 중이다.

---

6) 현재 매뉴얼에는 "3회 이상의 재난심리회복지원 상담에도 호전되지 않을 때는 본인과 가족의 동의 후 정신보건의료기관 등에서 치유받을 수 있도록 연계하라"고 되어 있다.

chapter

03

재난보험에는 어떤 것이 있나?

　정부의 재난지원금 제도는 피해 주민의 자활을 위해 필요한 최소한의 자금을 지원하는 구호 제도의 하나로 추진되었음에도, 피해 주민은 피해 복구에 필요한 예산을 전액 지원하는 보상 제도로 인식하여 정부 지원액이 피해액에 비해서 턱없이 적다는 불만을 제기하고 있다.

　정부에서도 국민이 재난·사고를 당하면 국가에서 피해 복구에 필요한 모든 금액을 충분히 지원하는 것은 재정적 한계가 있다고 판단하여, 재난 관련 보험 제도를 운영하고 있다. 자연재난의 경우에는 국가가 보험료 일부를 지원하는 정책 보험 제도를 도입하고, 사회재난의 경우에는 원인자가 해당 시설로 인해 발생한 제3자의 피해를 보상할 수 있도록 보험 가입을 강제하는 의무 보험 제도를 도입하여 시행하고 있다.

　먼저 자연재난 관련 보험을 살펴보면, 민간 보험사는 자연재해와 같은 불확실하고 거대 재해로 발전할 수 있는 위험에 대한 인수를 꺼리기 때문에, 해외에서도 홍수, 지진 등과 같은 자연재해 관련 보험은 국가가 직접 관장하는 경우가 많다. 이에 우리나라도 1997년부터 자연재해와 관련하여 보험 가입자가 부담하는 보험료 일부를 정부에서 지원하는 정책 보험인 풍수해·농작물 재해·가축 재해·양식 수산물

재해 보험을 도입하였다. 이들 정책 보험은 보험사가 1차로 일정 규모를 책임지며, 일정 수준 이상의 피해는 정부가 재보험 형태로 책임지는 형태로 운영되고 있다.

자연재난 관련 정책 보험 현황

구분		풍수해보험	농작물 재해보험	가축 재해보험	양식 수산물 재해보험
보험 대상		주택, 온실, 상가 · 공장	과수작물, 밭작물, 벼, 원예시설 등	소, 돼지, 말, 가금, 기타 가축	넙치, 전복, 굴, 양식시설 등
보상 재해	주계약 (필수)	태풍, 홍수, 호우, 강풍, 풍랑, 해일, 대설, 지진	자연재해, 조수해, 화재, 지진	풍해, 수해, 설해, 화재, 지진 등	태풍, 해일, 적조, 강풍 등
	특약(선택)	주택침수 단순 비닐파손, 보장 특약, 공동주택	동상해, 집중호우, 병해충, 나무손해 등	축사(풍수해, 화재, 지진), 전기장치 위험	이상수온, 조수, 전기장치 위험, 양식시설 등
보험료 지원	국비	56.5~68.05%	50%	50%	50%
	지방비	총 보험료의 13.5~35.5%	순 보험료의 0~50%	총 보험료의 0~50%	총 보험료의 20~30%
보험 운영		현대, 삼성, DB, KB, NH	NH농협손보	NH농협손보, KB, DB, 현대, 한화	수협중앙회
관장 기관		행정안전부	농림축산식품부		해양수산부
가입 방식		임의 가입			
근거 법령		풍수해보험법	농어업재해보험법		
도입 연도		2006	2001	1997	2008

출처: 행정안전부 업무보고(재난보험과, 2021)

사회재난 관련 의무 보험은 과거 대형 피해를 유발한 재난이나 사회적 이슈가 된 사고 이후에 마련되었다. 1971년에 발생한 대연각호텔 화재로 '화재보험 신체손해배상특약', 1993년 서해 훼리호 침몰 사고로 '유도선 사업자 배상책임보험', 2009년 부산 실내사격장 화재 사고로 '다중이용업소 화재 배상책임보험' 등이 만들어진 것이 대표적 사례이다. 현재 17개 중앙행정기관에서 44개의 재난안전의무보험이 도입 · 운영되고 있다.

재난안전 의무보험 현황

기관명	보험명
산자부	가스사고배상책임보험, 제조물배상책임보험
문체부	야영장배상책임보험, 생활체육자배상책임보험, 체육시설업자배상책임보험
교육부	교육연구시설공제, 학교안전사고보상공제, 학원배상책임보험
해수부	해상특수경비업체책임보험, 낚시터 및 낚시어선배상책임보험, 마리나업자배상책임보험, 선원근로자재해보상책임보험, 어선원재해보험, 유류오염손해배상책임보험, 선주배상책임보험선원공제
국토부	궤도운송업자배상책임보험, 자동차손해배상책임보험, 자율주행차관련손해배상책임보험, 주차장배상책임보험, 항공보험
소방청	다중이용업소화재배상책임보험
경찰청	운전학원종합보험
농림부	맹견피해보상보험
복지부	산후조리원배상책임보험, 사회복지시설배상책임보험 공제
고용부	산업재해보험, 외국인근로자상해보험
해경청	수상레저종합보험, 연안체험활동운영자배상책임보험
행안부	승강기사고배상책임보험, 어린이놀이시설배상책임보험, 옥외광고배상책임보험, 유도선사업자배상책임보험, 재난배상책임보험
환경부	수렵배상책임보험, 환경오염배상책임보험
과기부	연구실안전공제, 우주손해배상책임보험
여성부	사회복지시설배상책임보험, 수련시설청소년활동배상책임보험
금융위	화재보험신체손해배상책임특약
원안위	원자력손해배상책임보험
식약처	임상시험보험

출처: 행정안전부 업무보고(재난보험과, 2021)

앞서 살펴보았듯이 정부에서는 대규모의 재난·사고 피해가 발생했을 때를 대비하여 직접 지원뿐만 아니라 재난안전보험 가입을 통해 위험을 분산할 수 있도록 조치하고 있다. 그러나 한정된 정부 예산과 규제에 대한 저항 등으로 정부의 직접 지원 확대 및 시설물 대상 재난안전보험 가입 의무화에는 한계가 존재할 수밖에 없다. 이러한 한계를 극복하기 위해 주민들이 재난·사고를 당했을 때 국가로부터 지원받는 것 외에 추가로 피해 지원을 받을 수 있도록 지방자치단체에서는 자체적으로 '시민안전보험'에 별도 가입하여 재난에 대비하는 추세이다.

'시민안전보험'의 경우, 2015년 충청남도 논산시에서 최초로 가입한 이래 급속히 확산하였으며, 전국 지방자치단체의 90%가 보험에 가입된 상태이다. 보험에 가입된 지방자치단체에 주민등록지를 둔 시민은 누구나 별도의 절차 없이 자동으로 보험에 가입이 되고, 자연재난, 폭발, 화재, 붕괴, 그리고 대중교통 이용 중에 당한 사고로부터 피해 보상을 받을 수 있다. 주소지 이외의 지역에서 입은 피해도 보상받을 수 있다. 내가 속한 지역의 시민안전보험에 대한 정보는 지방자치단체 누리집뿐만 아니라 국민재난안전포털(www.safekorea.go.kr-정책보험-시민안전보험)에서도 확인할 수 있다.

시민안전보험 보상 사례

- (경기 군포) 아파트 리모델링 공사 중에 발생한 화재로 대피하던 중에 추락하여 사망, 사망자 유족에게 보험금 2,000만 원 지급('20.12월)
- (경기 의정부) 강원도 계곡에서 물놀이 중 익사한 의정부시 시민에게 1,500만 원 지급('20.7월)
- (부산 서구) 시내버스 탑승 중 버스의 급회전으로 의자에서 떨어져 발생한 골절 피해에 150만 원 보상('20.2월)
- (강원 양구군) 농기계가 후진하던 중 논으로 추락하면서 발생한 사망 피해에 1,000만 원 보상('20.10월) 등

출처: 행정안전부 업무보고(재난보험과, 2021)

시민안전보험 주요 보장 항목 및 보상 한도

(단위: 백만 원, '20년 기준)

보장 항목		시·군·구 수	보상한도			보험금	
			평균	최저	최고	건수	금액
자연재해	사망	152	13	5	30	55	667
익사/물놀이	사망	129	10	1	30	63	677
폭발, 화재, 붕괴, 산사태	사망	158	14	5	30	146	1,802
	후유장해	156	13	1	30	15	62
가스사고	사망	61	13	10	20	-	-
	후유장해	60	13	1	20	-	-
교통사고 대중교통 이용 중	사망	153	13	1	30	4	40
	후유장해	152	14	1	30	68	187
교통사고 스쿨존	치료비	152	13	1	30	11	98
교통사고 뺑소니 · 무보험자	사망	44	11	1	20	4	40
	후유장해	44	11	3	20	4	22
농기계	사망	98	13	1	30	97	1,277
	후유장해	100	13	1	30	78	267
범죄피해 성폭력	범죄	21	9	1	20	-	-
	상해	36	10	1	20	-	-
범죄피해 강도피해	사망	133	13	2	30	2	20
	후유장해	133	13	5	30	1	4
범죄피해 강력범죄	사망, 상해	24	8	1	15	4	32
의료비지원(추락포함)		38	2	0.1	12	687	908
의료사고 법률지원비		58	11	1	20	1	1
의사상자	사망, 상해	49	19	1	100	-	-

출처: 행정안전부 업무보고(재난보험과, 2021)

chapter
———
04

재난이 가져오는 변화

　세월호 참사는 우리에게 큰 피해를 유발한 극단적 사건이다. 이 극단적 사건의 영향은 직접적으로 관계된 분야뿐 아니라 다른 분야, 다른 지역, 사회 전체 또는 세계적으로 영향을 미칠 수 있다(김광용, 2018). 세월호 참사는 전라남도 해상에서 발생한 여객선 재난이지만, 그 영향은 관련 분야와 지역을 뛰어넘어 나타나고 있다. 각종 연구 등에 나타난 세월호 참사의 영향과 변화를 살펴보자.

　먼저 세월호 참사는 심리적인 측면에서 영향을 미쳤다(김광용, 2018). 세월호 참사 희생자의 부모를 포함한 유가족, 희생자의 친구, 취재에 참여했던 언론인 등의 외상후스트레스장애(Post-Traumatic Stress Disorder, PTSD)에 대한 우려와 연구가 진행되었다(박기묵, 2015; 이미나·하은혜·배정근, 2015; 이동훈·신지영·김유진, 2016). 세월호 참사는 관련된 사람뿐만 아니라, 일반 국민의 심리에도 영향을 미쳤다는 연구도 있다(이진의 외, 2014). 세월호 참사가 가져온 심리적인 충격이 매우 커서 세월호 참사를 계기로 재난으로 인한 PTSD를 예방하기 위한 재난 심리 상담 연구도 활발하게 진행되었다(이나빈 외, 2015).

둘째, 세월호 참사로 어린 학생들이 많이 희생되면서 학부모들이 자녀들의 성적보다 건강이 중요하다고 느끼게 되었다는 인생관의 변화도 보고되었다(한국교통연구원, 2014). 세월호 참사는 위험 인식에도 영향을 미쳐서 세월호 참사 이후에 우리 국민은 사회가 더 위험하다고 인식하게 된 것으로 나타나기도 하였다(김광용, 2018).

셋째, 세월호 참사로 인해 국민의 소비 심리를 위축시켜 경제를 위축시키는 결과를 초래했다는 보고도 있다(김광용, 2018). 경제적인 측면에서는 여객선과 직접 관련이 있는 관광 산업(박영태, 2014)과 해운업(김영무, 2014)이 위축되었다. 한국은행 조사에 따르면 관광·음식·숙박·도소매 및 여가 관련 서비스업의 부진과 전반적인 소비의 둔화가 나타났었다(한국은행, 2014).

넷째, 세월호 참사를 계기로 언론의 재난 보도 행태 문제가 제기되었다(김광용, 2018). 선정적인 보도, 피해자의 프라이버시와 인권 침해 문제, 정부의 발표를 그대로 보도하는 언론의 모습에 대한 비판이 제기되었다. 이러한 문제의 원인으로 보도 준칙이나 편람의 부재뿐만 아니라 지금까지 축적된 부정적 보도 행태와 관행이 임계점에 도달하여 폭발한 것으로 진단하는 연구도 있다(정수영, 2015). 또한, 최근 기자들을 비하하는 말로 자주 사용되는, 기자와 쓰레기의 합성어인 '기레기'라는 용어도 세월호 참사를 계기로 촉발되었다(서상호·최원주·강지화, 2015). 세월호 참사 보도는 재난 보도를 넘어 우리 언론에 많은 과제와 교훈을 남긴 것이 사실이다.

다섯째, 세월호 참사는 우리나라 재난관리 시스템을 개혁하는 계기가 되었다(김광용, 2018). 참사 발생 34일 만에 대통령은 국가 재난관리 체계와 공직사회 전반의 개혁 방향을 담은 대국민 담화를 발표하였다. 대통령의 담화 발표 이후 국민안전처와 인사혁신처의 신설을 위한 「정부조직법」, 재난관리 체계의 개혁을 위한 「재난 및 안전관리 기본법」, 소위 '관피아'로 일컬어지는 고위 공직자의 재취업에 관한 규제를 강화하기 위한 「공직자윤리법」, 공직자의 공정한 직무 수행을 보장하기 위한 「부정 청탁 및 금품 등 수수의 금지에 관한 법률」, 공직에 민간 전문가의 임용을 활성화하기 위한 공무원 임용령과 개방형 직위 및 공모 직위의 운영 등에 관한 규정 등이 제정 또는 개정되면서 국가 재난관리 체계 개혁과 공직사회 전반의 개혁이 추진되었다(김광용, 2018).

「재난 및 안전관리 기본법」 개정에는 대규모 재난의 효과적인 수습을 위해 행정안전부 장관이 담당하던 중앙재난안전대책본부장을 국무총리도 담당할 수 있도록 하는 내용이 포함되어 있다. 코로나19 중대본 회의를 국무총리가 주재하는 모습을 볼 수 있는데, 그 계기가 바로 세월호 참사이다. 또한, 세월호 참사를 추모하고, 국민의 안전 의식을 높이며, 안전 문화를 확산하기 위하여 매년 4월 16일을 '국민안전의 날'로 정하고, 정부는 매년 국민안전의 날 기념식을 거행하고 있다. 교육부 장관에게 학생에 대한 안전 교육을 실시하도록 하는 내용도 이때 개정되었다. 최근 학교에서 생존 수영 등 안전 교육이 강화된 것도 세월호 참사가 계기가 된 것이다.

이처럼 대형 재난은 직접적인 피해와 상처뿐만 아니라, 사회 전반에 걸쳐 많은 변화를 유발하는 복합적인 충격의 사건이다. 재난의 회복 전략은 이러한 재난의 충격을 다면적으로 대처하고 치유하는 과정이어야 할 것이다.

chapter
05

행정안전부는 왜 이름이 자주 바뀌나?

　1998년 김대중 정부는 부처를 통폐합하고 국무위원 수를 줄이는 방향으로 정부 조직을 개편했다. 그 가운데 하나로 1948년 출범한 내무부와 총무처를 통합하여 행정자치부를 만들었다. 그 후 행정자치부는 노무현 정부까지 10여 년간 유지되다가 2008년 이명박 정부가 출범하면서 '행정안전부'로, 박근혜 정부에서 '안전행정부'와 '행정자치부'를 거쳐 2017년 문재인 정부에서 '행정안전부'로 바뀌었다.

　이명박 정부와 박근혜 정부, 문재인 정부까지 세 정부를 거치며 행정안전부의 이름은 행정안전부에서 안전행정부와 행정자치부를 거쳐 다시 행정안전부로 네 차례나 바뀌었다(양정우·박초롱, 2017). 부처의 이름이 계속 바뀐 이유는 여러 가지가 있겠지만 가장 중요한 이유는 정부의 재난관리와 비상 대비 같은 위기관리 총괄 기능을 어디에서 담당하는가와 관련 있다.

　이명박 정부가 출범하면서 행정자치부에 중앙인사위원회의 인사 기능과 '국가비상기획위원회'의 비상 대비 기능이 흡수되면서 행정안전부로 이름이 바뀌었다. 박근혜 정부가 출범한 2013년 행정안전부 이름에서 '행정'과 '안전'의 자리를 바꿔 '안전행정부'로 만들었다. 안전관리 기능을 강화한다는 취지였다. 그러나 2014년 4월 박근혜 정부는 안전행정부를 '행정자치부'로 바꿨다. 세월호 참사 이후 인사와 안전 기능을 안전행정부에서 떼어내 인사혁신처와 국민안전처를 만들었기 때문이다. 문재인 정부에서는 행정자치부가 다시 행정안전부로 바뀌었다. 국민안전처의 안전관리 기능을 다시 흡수한 것이다. 동시에 국민안전처 산하에 있던 중앙소방본부는 소방청으로, 해양경비안전본부는 해양경찰청으로 독립시켰다.

우리나라에서는 역대 정부의 출범과 함께 실행된 대표적인 활동이 중앙정부 조직 개편이다. 문민정부와 김대중 정부에서는 각각 3차례와 4차례 조직 개편이 있었다(박중훈, 2016). 그러나 이후 참여정부라 불린 노무현 정부부터는 정권 출범 초기에 대규모 조직 개편이 이루어진 후 대통령의 임기 중에는 대규모 조직 개편 없이 중앙정부 조직이 운영되어 온 것이 일반적 경향이다. 정권 출범 초기의 조직 개편에서도 모든 정부 부처가 개편의 대상에 포함되는 것은 아니다. 그러나 최근 행정안전부의 조직 개편을 보면 이러한 일반적인 정부의 조직 개편 경향과는 다른 점을 발견할 수 있다.

행정안전부는 이명박 정부, 박근혜 정부, 문재인 정부가 출범할 때마다 빠짐없이 조직 개편이 이루어졌다. 새로운 정권이 출범할 때마다 행정안전부의 이름이 바뀐다는 것은 모든 정권에서 우리나라 재난관리 체계가 문제를 안고 있다고 인식했다는 것이다. 우리나라는 태풍, 홍수 같은 전통적인 자연재난을 대응하는 체계는 비교적 잘 갖추어져 있으나, 지진이나 신종 감염병, 해양 재난처럼 새롭게 발생한 재난의 대응 과정에서 노출된 문제점을 개선하기 위한 노력이 진행 중이라고 볼 수 있다.

세월호 참사 이후에 조직 개편이 이루어졌다. 우리나라에서는 세월호 참사를 비롯해 대형 재난을 겪고 난 이후에 정부조직 개편이 시행되는 경향이 있다. 세월호 참사 이외에도 대형 재난이 발생했을 때는 많은 경우 정부조직이 바뀌는 것으로 보인다. 1990년 한강 대홍수 이후 건설교통부에서 담당하던 풍수해 업무가 내무부로 이관되었고, 2003년 대구지하철 화재 참사 이후 소방방재청이 만들어졌다. 감염병과 관련된 사례를 보아도 대규모 재난 이후에 조직 개편이 이루어지는 것을 확인할 수 있다. 2015년 메르스 사태 이후 보건복지부 산하의 질병관리본부가 차관급 조직으로 격상되었으며, 2020년 코로나19의 확산과 함께 질병관리본부가 질병관리청으로 독립되었다.

대형 재난으로 인한 중앙정부 조직 개편은 우리나라에만 해당하는 것은 아니다. OECD 국가들에서도 대형 재난은 중앙정부 차원의 재난관리 조직 개편 또는 재난관리 시스템 개혁의 촉진제가 되고 있다(OECD, 2014a: OECD, 2014b). 미국은 2001년 9·11 테러를 계기로 국토안보부(Department of Homeland Security)를 신설하였으며, 영국은 2000년 Y2K와 2001년 구제역 발생 이후에 내각 비상사무국(Civil Contingencies Secretariat)을 설립했다. 독일은 2001년 미국의 9·11 테러와 2002년 엘베강 홍수 발생 이후 연방국민보호재난지원청(Federal Office for Civil Protection and Disaster Assistance)을 설립하였으며, 호주는 2009년 산불과 폭염 발생 이후 위기관리청(Emergency Management Australia)을 신설한 바 있다.

대형 재난은 많은 사람과 대중매체, 소셜미디어의 관심을 일시에 끌어모으는 초점 사건(focusing event)이다. 초점 사건이 발생하면 단기간에 그동안 제기되었던 많은 문제를 해결하기 위한 정책 의제 설정과 정책 결정이 이루어진다. 대형 재난 이후에 다양한 정부 정책의 변화가 일어나고, 정책 변화의 일부로 정부 조직의 개편도 이루어진다고 볼 수 있다. 국가 재난관리와 관련된 정책 결정은 일반적으로 대형 재난 혹은 안보적인 위기에 의한 정책 의제 설정(agenda setting)으로부터 시작되며, 이후 다양한 이해관계자를 포괄하는 정책 형성(policy formulation) 과정을 거쳐 정책으로 채택(policy adoption)되어 실현된다. 대형 재난을 계기로 킹던(Kingdon)이 말하는 정책의 창(policy window)이 열리고 국가 재난관리와 관련된 중요한 정책 결정이 이루어진다.

재난은 지역 경제에 나쁜 영향을 미치나?

재난은 재앙, 위기, 위험 등과 같이 부정적인 의미를 지니고 있다. 재난의 어원인 disaster는 dis와 astro로 이루어져 있는데, 이 뜻은 '별에서 만들어진'이라는 의미로, 행성이 만들어 낸 불운이라는 의미를 내포하고 있다(Quarantelli, 1978; 정지범, 2009에서 재인용). 실제 재난은 인명, 재산, 공공시설의 피해를 수반하고, 심리적 위축, 외부인의 방문축소 등으로 인한 간접적인 피해를 초래한다(권설아, 2018). 또한, 재난으로 피해를 본 시설, 환경, 사회 시스템을 복구하는 데 장기간이 소요되기도 한다[7].

이렇게 부정적으로만 보이는 재난이, 경제에 긍정적으로도 작용할수 있다는 생각을 가지는 사람들이 있다. 직관적으로 생각해 보자. 재난이 발생하면 피해를 복구하는 과정에서 투자가 발생한다. 공공시설을 복구하기 위해서 중앙정부와 지방자치단체에서 재정을 투입한다. 재난 발생 이후 행정안전부가 피해 지역에 특별교부세를 지원했

---

[7] 2012년 뉴욕시를 강타한 허리케인 샌디로 인한 피해 복구가 여전히 진행 중이고(https://www1.nyc.gov/site/nycha/about/recovery-resiliency.page), 2016년 구마모토 지진으로 인해 붕괴한 구마모토성의 복원에는 20년 이상이 걸릴 것으로 예상된다(https://www.adrc.asia/acdr/2016/documents/170501_ADRC_Study_Visit_in_Kumamoto.pdf).

다는 뉴스를 심심치 않게 접하게 된다[8]. 그뿐만 아니라 피해의 규모와 정도에 따라서 개인들에게도 재난지원금이 지원된다. 재난으로 인하여 투자가 일어나고, 자금이 순환하는 현상이 발생할 수 있다.

2017년 11월 포항에서는 규모 5.4의 지진이 발생하였는데, 2016년 발생한 경주 지진과 더불어 대한민국에서 발생한 가장 강력한 지진이었다. 다행히 사망자는 없었으나 가옥, 학교, 도로 등이 균열하는 피해가 발생하였고 도심 지역에서의 강진으로 인해 포항 지역 주민들은 물론 전 국민에게 지진의 위험성에 대해 강한 인상을 남겼다. 정부가 공식적으로 발표한 공공 및 사유 시설 피해액은 850억 원이다(행정안전부, 2018). 한국은행 포항본부에 따르면, 주택 파손, 교통 시설 및 상하수도 등 사회자본의 직접적 피해 추정액이 2,566억 원, 기회비용, 주택 가격 하락, 생산 활동 정체에 따른 간접 피해 추정액이 757억 원으로 총 3,323억 원의 경제적 피해가 추정되었다(김진홍·도영웅, 2018).

이러한 피해에 대해, 정부가 3차에 걸쳐 수정하며 최종 확정한 복구 계획에 따르면 투입될 총 금액은 1,880억 원에 달한다. 이에 학자금, 의료급여, 내진 보강 사업 등의 투자를 합하고, 국민이 모금한 성금을 합하면 재난의 복구와 관련하여 지원된 총액은 약 3,500억 원 수준이다(행정안전부, 2018).[9] 2018년 11월에는 국토교통부가 포항 지진 피해 지역인 포항시 흥해읍을 특별재생지역으로 지정하는 계획을 확정하였으며, 이 계획에 따라 2,257억 원의 재정 투입을 계획하였다(국토교

---

8) 우리나라 정부 재정은 지방자치단체가 중앙정부의 재정 지원에 크게 의존하는 구조로 되어 있다. 지방자치단체가 예산의 60%를 집행하지만, 지방의 자체적인 수입(지방세와 지방세외 수입)은 국세 대비 25% 수준에 불과하다. 이러한 구조 아래서, 재난은 지방자치단체가 중앙정부의 재정 지원을 획득하는 계기로 작용하기도 한다.

9) 정부 지원이 재난으로 인해 피해를 본 사람과 지역의 고통을 상쇄하는 것으로 보는 것은 아니라는 점을 분명히 밝히며, 논의 과정에 대한 오해가 없기를 바란다.

통부, 2018). 위 사례는 산술적인 피해액과 재정 투자액의 비교라는 한계가 있으나, 재난이 발생하면 피해액보다 더 많은 재원이 투자될 수 있음을 보여 준다. 실제 대부분 재난에서 피해액보다 복구 계획에 따른 투자액이 크다.

　이러한 재난의 투자 효과는 학술적으로 검증되고 합의된 결론은 아니지만, 직관적이고 경험적으로 확인할 수 있는 바이다. 학술적인 연구에서는 일부 재난의 긍정적 경제 효과를 확인하는 결과가 나타나기도 하나, 대체로 부정적 영향을 보여 주는 연구가 많다. 스키드모어(Skidmore, 2002)의 연구[10]는 풍수해와 같은 기후재난의 경우 장기적으로 경제에 긍정적인 영향을 미칠 수 있음을 확인하였으나 지진과 같은 지질재난은 인과성을 확인하지 못하였다. 재난이 발생 이후 초기 단계의 복구 투자를 통해서 재난의 피해를 상쇄시키는 효과는 있으나 이를 넘어서는 경제적 영향은 거의 미치지 못한다는 연구도 있으며(Webb, 2002), 대형 재난 발생 후 10년이 경과한 시점에서 1인당 산출물은 재난이 없는 경우에 비해 약 30% 감소하며 대규모 지원이 이루어진다 해도 이 재원의 비효율적 사용은 물론, 네덜란드병(Dutch Disease)[11]과 같은 부작용이 발생할 수 있다고 밝힌 연구도 있다(Cavallo, 2010). 국내의 연구에서도 재난 발생이 국가 또는 지역의 생산함수에 어떠한 영향을 주었는지 분석한 결과 대체로 재난이 부정적인 영향을 미쳤다는 점을 확인하고 있다.

---

10) 89개국을 대상으로 1960~1990년의 기간에 자연재해 발생 횟수와 1인당 GDP 성장률 간의 관계 분석한 연구로, 구체적으로 독립변수로는 소득, 중등교육 등록 수, 정부 소비, 무역량, 토지면적 당 기후재난 발생 횟수, 토지면적 당 지질재해 발생 횟수 등을 사용하였으며, 종속변수로 1인당 GDP 성장률과 1970년에 대비한 1990년의 총생산성을 사용하였다.
11) 천연자원에 의존하여 급성장한 국가가 장기적으로 경기가 침체하는 현상을 의미한다.

재난이 부정적이라는 점은 부인할 수도 없고, 부인해서도 안 된다. 재난으로 인한 인명 피해는 어떠한 것으로도 보상되지 않는다는 점에서 재난은 예방하고 피해야 할 대상이다. 그러나 재난, 특히 대형 재난의 발생 후의 변화에 주목할 필요가 있다. 재난이 발생하면 그 사회와 구성원의 인식부터 재정 투자, 법·제도 개선 등 다양한 변화가 일어나며, 이러한 현상은 재난의 규모와 파급 효과가 클수록 강하게 나타난다.

앞서 소개한 바와 같이, 대형 재난은 '정책의 창(policy window)'을 여는 계기가 된다. 대형 화재나 안전사고와 같은 재난의 발생은 사람들의 관심을 촉발하면서 그간에 논의되던 정책 대안이 문제와 결합하게 되는 요소로 작용한다(정정길 외, 2016). 대형 재난은 재난과 관련된 조직과 제도의 변화뿐 아니라 다양한 이슈를 불러일으키는 계기가 된다. 포항 지진의 예를 다시 한번 살펴보자. 포항 지진으로 인한 피해 복구를 논의하는 과정을 보면, 단순한 재난 복구의 문제를 벗어나 균형 발전과 지역 개발 같은 오래된 이슈들이 함께 드러났다. 지방자치단체장과 해당 지역 국회의원들을 중심으로 국책사업 지원에 대한 높은 요구가 있었다. 복합 커뮤니티 센터 건립, 창업지원센터 건립, 둘레길 조성, 문화 페스티벌 거리 조성, 흥해 전통시장 현대화 사업 등 사업의 내용을 보면 재난의 복구보다는 지역의 경제적 부흥을 위한 사업이 눈에 띈다. 코로나19로 보건 정책뿐 아니라 우리의 일상생활이 얼마나 달라졌는지를 생각해 본다면 쉽게 공감할 수 있을 것이다.

우리에게 시사점을 줄 수 있는 해외 연구를 하나 소개해 보겠다. 맥스위니(McSweeney, 2011)는 1998년 허리케인 미치(Hurricane Mitch)의 영향을 받은 온두라스의 타와카(Tawakha)라는 지역사회를 대상으로 분석하였는데, 지방의 빈곤 지역은 허리케인과 같은 재난에 매우 취약하였으나, 재난으로 인하여 촉발된 기회는 해당 지역의 시스템 변화를 가져왔다고 한다. 종전에는 나이가 많고 토착 세력 중심으로 분배되었던 토지가, 재난의 영향 이후에는 지역사회 내의 논의를 거쳐 전입자와 젊은 층에도 배분되도록 하는 변화를 끌어냈고, 이를 통해 삼림을 훼손하여 가옥이나 토지를 새로이 소유하던 관행을 바꿈으로써, 10년 이후에 내습한 태풍에 대해 훨씬 더 잘 대처할 수 있게 되는 등 제도적이고 생태적인 발전을 이루었다고 한다.

재난은 피해를 준다. 그렇기에 인명과 재산의 피해를 줄이기 위해서 우리는 재난을 예방하고 대비해야 한다. 그러나 재난이 발생한 이후, 어떠한 의미 있는 변화를 끌어낼 것인가에 대해서 우리 모두의 고민이 필요하지 않을까.

chapter

07

쇼크 독트린

재난이 지역의 발전에 도움이 된다는 시각은 재난으로 지역이 깨끗하게 파괴되면 처음부터 다시 시작할 수 있는 백지상태가 되고, 백지상태가 지역의 성장에 도움이 될 수 있다고 보는 것이다(머터, 2016). 재난 이후 복구 과정에서 발생하는 새로운 수요와 공급이 경제를 극적으로 회복시킨다는 시각이다.

재난은 앞서 설명한 바와 같이 투자를 유발하는 등 지역 경제의 성장에 도움이 될 수 있는 측면이 있다. 그러나 경제가 성장한다고 하더라도 그 열매가 누구에게 돌아가는지는 생각해 보아야 한다. 재난은 노인, 저소득층 같은 취약 계층에 더 심한 피해를 초래한다. 그러나 재난 복구 과정에서 이들은 한 번 더 소외될 수 있다. 피해 지역의 재건을 위해 도시 재생을 추진하는 과정에서 재산이 없고 소득 수준이 낮은 이들이 참여하기 어렵다. 미국의 사례를 보면, 대기업과 자본가들이 주도하는 도시 재생으로 부동산 가격이 상승하면 흑인, 저소득층 같은 사회적 취약 계층이 도시에서 쫓겨나고 백인과 중산층이 증가하게 된다. 흑인과 저소득층을 골칫거리로 인식해 온 지역사회의 지도자들이 재난을 계기로 이들을 도시에서 몰아내기 위해 노력한 사

07. 쇼크 독트린 157

례가 있다(머터, 2016).

2004년 동남아를 초토화한 쓰나미 이후 스리랑카 연안의 여러 해변은 어부들의 고깃배와 오두막 대신 다국적 기업의 호화 리조트로 가득 채워졌다. 리조트 자본이 들어와야 지역 경제가 살고, 쓰나미를 막는 데에도 도움이 된다는 생각이 스리랑카를 장악했다(클라인, 2008). 어민은 고향을 떠났고, 리조트 자본은 해변을 차지했다. 쓰나미의 피해를 본 태국과 인도네시아 등에서도 비슷한 현상이 벌어졌다. 외국 자본의 눈엣가시가 재난 이후 깔끔하게 사라졌고, 전 세계에서 몰려든 엄청난 후원금은 지역민이 아닌 관광객을 위한 시설의 건축에 쓰였다. 2005년 미국 뉴올리언스 지역을 휩쓴 허리케인 이후에 벌어진 상황도 비슷했다. 사람들의 생활 기반이 제거된 해변에 호화 리조트가 들어섰다. 이처럼 소수의 권력 집단은 '재난의 안개(fog of disaster)'를 틈타 사적 이익을 갈취하고 사회 재편을 도모한다(머터, 2016).

이러한 현상을 '쇼크 독트린(shock doctrine)'이라고 부른다. 이 말은 캐나다 출신의 진보적 저널리스트 나오미 클라인(Naomi A. Klein)이 2008년 출간한 책의 제목이다. 클라인이 사용한 뜻은 '신자유주의자들이 큰 재난이나 위기를 맞아 우왕좌왕하는 국민을 선동해 자기들이 원하는 체제로 사회를 끌고 가는 전략'이다. 일종의 부정적 '충격요법'으로 해석된다. 신자유주의자들이 20세기 후반 남미와 러시아 등에서 경제 체제를 개혁한다며 민영화, 규제 완화, 복지 삭감 등의 경제적 쇼크 요법을 쏟아붓는 바람에 공공성이 무너진 것을 비판하는 말이기도 하다.

쇼크 독트린은 시카고학파와 신자유주의를 날카롭게 비판한다. 자본주의가 어떻게 재난(자연재해, 쿠데타, 전쟁, 경제위기 등)을 먹고 자라는

지를 다양한 국가의 사례를 통해 보여 준다. 영국의 마거릿 대처가 포클랜드 전쟁을 업고 광부들을 탄압해 거대한 민영화를 달성했고, 미국의 부시도 9.11 테러 사건을 계기로 정부의 민영화를 달성했다(클라인, 2021). 톈안먼 사태 이후 중국은 노동 착취가 가능한 세계의 공장이 됐고, 1998년 IMF 사태를 거치며 신자유주의가 일상화된 우리나라는 2008년 금융위기를 겪었고 양극화가 심화되었다(클라인, 2021).

클라인의 주장이 눈길을 끄는 것은 그녀의 주장이 코로나19 팬데믹 속에서 살아가는 우리에게 세상을 이해하는 데 도움을 주기 때문이다. 그녀는 코로나19 팬데믹 역시 '재난 자본주의'가 기회로 삼을 만한 완벽한 재난이라고 말한다(클라인, 2021). 최근 새롭게 번역되어 출간된 책에서 그녀는 "거대 테크 기업(빅테크 기업)들은 팬데믹에 효과적으로 대응한다는 구실로, 의료, 교육 등 우리 삶에 필요한 모든 것들을 디지털화하며 공공의 데이터로 극단적인 이윤을 추구하는 사기업이다. 우리의 참여로 성장하는 구글, 페이스북, 아마존, 애플은 이제 공공재가 돼야 한다."라고 주장한다(클라인, 2021).

재난의 '충격요법'은 분명 어떤 의미에서 성장과 혁신의 계기가 되고, 그 가운데에서 누군가에게 혜택이 돌아간다. 재난의 충격으로부터 새로운 질서가 만들어지는 때에, 피해자가 소외되지는 않는지, 발생하는 이득의 공공성은 어떻게 확보할 것인지, 사회적인 성찰과 연대적 책임에 대한 고민이 요구된다.

참고문헌

PART 1 위험의 이해

(1)

1. 김대환 (1998). 돌진적 성장이 낳은 이중 위험사회. 계간사상 1998년 가을호(통권 제38호): 26~45.
2. 대학신문 (2015). 위험사회에 남긴 울리히 벡의 유언. 검색: 2022.5.15. 원문보기: http://www.snunews.com/news/articleView.html?idxno=14886
3. 박현수. (2015). 기술사회에서 인적재난에 대한 이론적 연구현황: 기술 시스템, 문화, 제도, 권력, 현대사회와 행정 25(4), 211~244.
4. 서재호. (2010). 사회위험의 대응관리에서 사회위험 예방관리로. 행정포커스, 86(3), 45~49.
5. 울리히 벡 (2004). 위험사회 새로운 근대성을 향하여 (홍성태 역) 새물결 (2014)
6. 정지범. (2009). 광의와 협의의 위험, 위기, 재난관리의 범위. 한국방재학회논문집 9(4), 61~66.
7. 재레드 다이아몬드(Jared Mason Diamond). (2016). 재레드 다이아몬드의 나와 세계 (강주헌, 역). 경기 파주: 김영사 (2016).
8. Fischhoff, B., & Kadvany, J. (2011). Risk: A very short introduction. Oxford University Press.
9. Rowe, W. (1997). An anatomy of risk. Publ. by WJ Wiley & Sons. Inc. NY.
10. United Nations, International Strategy for Disaster Reduction(ISDR). (2002). Living With Risk: A Global Review of Disaster Reduction Initiatives(preliminary version). Geneva: UN ISDR, July.

(2)

1. 세계경제포럼(World Economic Forum). (2021). The Global Risks Report 2021 - 16th Edition
2. 재레드 다이아몬드(Jared Mason Diamond). (2016). 재레드 다이아몬드의 나와 세계 (강주헌, 역). 경기 파주: 김영사 (2016).
3. 통계청. (2020a). 2019년 사망원인통계 결과.
4. 통계청. (2020b). 2020년 사회조사 결과(가족, 교육과 훈련, 건강, 범죄와 안전, 생

활환경).

5. Oltedal, S., Moen, B. E., Klempe, H., & Rundmo, T. (2004). Explaining risk perception: An evaluation of cultural theory. Trondheim: Norwegian University of Science and Technology, 85, 1-33.

6. Slovic, P. (1999). Trust, emotion, sex, politics, and science: Surveying the risk-assessment battlefield. Risk analysis, 19(4), 689-701.

7. Slovic, P., Fischhoff, B., & Lichtenstein, S. (1979). Rating the risks. Environment: Science and Policy for Sustainable Development, 21(3), 14-39.

(3)

1. 강윤재. (2007). 위험관리의 가능성과 한계; 원전사고를 중심으로. 한국과학기술학회: 학술대회논문집, 139~159.

2. 찰스 페로(Perrow, C.). (2013). 무엇이 재앙을 만드는가? (김태훈, 역). 서울: 알에이치코리아 (1999).

3. Perrow, C. (2011). Fukushima and the inevitability of accidents. Bulletin of the Atomic Scientists, 67(6), 44~52.

4. Rowe, G., & Wright, G. (2001). Differences in expert and lay judgments of risk: myth or reality?. Risk Analysis, 21(2), 341~356.

5. Siegrist, M., & Cvetkovich, G. (2000). Perception of hazards: The role of social trust and knowledge. Risk analysis, 20(5), 713~720.

6. Sjöberg, L. (1999). Risk perception by the public and by experts: A dilemma in risk management. Human Ecology Review, 6(2), 1~9.

7. Slovic, P. (1999). Trust, emotion, sex, politics, and science: Surveying the risk-assessment battlefield. Risk analysis, 19(4), 689~701.

(4)

1. 김광용. (2018). 한국인의 위험인식에 관한 연구: 사회위험인식과 범죄위험인식을 중심으로. 박사학위 논문, 서울대학교 대학원.

2. Fischhoff, B., & Kadvany, J. (2011). Risk: A very short introduction. Oxford University Press.

3. Graham, J. D., & Garber, S. (1984). Evaluating the effects of automobile safety regulation. Journal of Policy Analysis and Management, 3(2),

206~224.

4. Inouye, J. (2014). Risk Perception: Theories, Strategies, And Next Steps, Campbell Institute, National Safety Council.

5. Max-Planck-Gesellschaft. (2012, September 11). More traffic deaths in wake of 9/11. ScienceDaily. Retrieved September 6, 2021. from: www.sciencedaily.com/releases/2012/09/120911091338.htm

6. Peltzman, S. (1975). The effects of automobile safety regulation. Journal of political Economy, 83(4), 677~725.

7. Renn, O. (1998). The role of risk perception for risk management. Reliability Engineering & System Safety, 59(1), 49~62.

8. Slovic, P., Fischhoff, B., & Lichtenstein, S. (1982). Why study risk perception. Risk analysis, 2(2), 83~93.

9. Slovic, P. (1987). Perception of risk. Science, 236(4799), 280~285.

10. Slovic, P. (1993). Perceived risk, trust, and democracy. Risk analysis, 13(6), 675~682.

11. United Nations, International Strategy for Disaster Reduction(ISDR). (2002). Living With Risk: A Global Review of Disaster Reduction Initiatives(preliminary version). Geneva: UN ISDR, July.

(5)

1. 김기범. 2016.11.06. 「경향신문」, 국제연구기관들 "한국은 기후변화 악당국가", 기후변화총회 하루 앞두고 국제적 망신살. 검색: 2021.09.11. 원문보기: https://m.khan.co.kr/national/national-general/article/201611061917001

2. 노도현. 2020.08.22. 「경향신문」, 블랙스완을 넘어 '그린스완'이 온다. 검색: 2021.09.11. 원문보기: https://www.khan.co.kr/national/national-general/article/202008221045001#csidx3fbbbbe5a737a5d94604bd9c7fe2580,

3. 산업통상자원부. (2021.07.15.), 산업부, EU 「탄소국경조정제도」 영향 긴급 점검.

4. 세계경제포럼(World Economic Forum). (2021). The Global Risks Report 2021 - 16th Edition

5. 안토니오 구스테스. (2021. 11. 13), cop26 합의 후 성명.

6. 조천호(2019), 파란하늘 빨간지구, 서울: 동아시아.

7. Luiz Awazu Pereira da Silva. 2020.05.13. Green Swan 2 – Climate change

and Covid-19: reflections on efficiency versus resilience retrieved Sep. 10, 2021. from: https://www.bis.org/speeches/sp200514.pdf

8. Nassim Nicholas Taleb. April 22, 2007. 'The Black Swan: The Impact of the Highly Improbable' retrieved Sep. 10, 2021. from: https://www.nytimes.com/2007/04/22/books/chapters/0422-1st-tale.html

9. IPCC(Intergovernmental Panel on Climate Change). (2021). Climate Change 2021 – The Physical Science Basis.

(6)

1. 박병원. (2020). 와일드 카드의 일상화: 미래재난 대비와 대응-무엇이 필요한가? Future Horizen, 2020(2): 4~9

2. 신유리·최준호·김태환·김정곤. (2021). 미래 재난에 대한 전문가 인식조사, 2021년 (사)한국재난정보학회 정기학술대회 논문집, 201~203

3. 오윤경. (2014). Natech 위험의 개념 및 주요 쟁점. 환경정책연구 13(4) : 79~105

4. 장대원. (2018). 재난환경 변화와 미래재난 대응방안. 국토 2018-07 : 33~37

5. 행정안전부. 2021.12.238 「보도자료」, 미래 위험성이 높은 재난으로 풍수해·폭염 등 5개 유형 선정

6. CRED. 2021 Disasters in numbers. Brussels: CRED; 2022. retrieved June, 14, 2022. from: https://cred.be/sites/default/files/2021_EMDAT_report.pdf

(7)

1. 이규창·나용우·이상신·이우태·조성은. (2020). 감염병 공동대응을 위한 남북인도협력: 코로나19를 중심으로. 통일연구원.

2. 이수형. (2020). 탈냉전과 유럽에서의 비전통적 안보위협: 개념과 사례, 국제정치학회 하계학술회의(2020.7.1.) 발표 논문.

3. 정한범. (2020). 21세기 국제환경의 변화와 포괄안보, 국제정치학회 하계학술회의(2020.7.1.) 발표 논문.

4. WHO 누리집. Health security. retrieved 2021. Oct. 20. from: https://www.who.int/health-topics/health-security#tab=tab_1

PART 2 재난의 관리

(1)

1. 정종제, 김광용, 김윤희, 이종설, 지용구. (2017). 미국의 재난관리. 서울: 비앤엠북스.
2. FEMA. (2010). Fundamentals of Emergency Management Independent Study 230.a.
3. McLoughlin, D. (1985). A framework for integrated emergency management. Public administration review, 45, 165~172.
4. Petak, W. J. (1985). Emergency management: A challenge for public administration. Public Administration Review, 45, 3~7.

(2)

1. 정종제, 김광용, 김윤희, 이종설, 지용구. (2017). 미국의 재난관리. 서울: 비앤엠북스.
2. FEMA(2010). Fundamentals of Emergency Management Independent Study 230.a.
3. FEMA(December 2011). A Whole Community Approach to Emergency Management: Principles, Themes, and Pathways for Action FDOC 104-008-1 /
4. McLoughlin, D. (1985). A framework for integrated emergency management. Public administration review, 45, 165~172.
5. OECD 누리집. retrieved 2021. Oct. 15 from: https://www.oecd.org/governance/toolkit-on-risk-governance/goodpractices/page/wholecommunityapproachtoemergencymanagementintheunitedstates.htm

(3)

1. 김승호 외. (2018). 재해 복원력(resilience)의 문헌조사에 관한 연구, 안전문화연구 제3호 29~36
2. 허아랑 (2016). 지방자치단체 재난회복력에 관한 연구: 지표개발과 영향요인을 중심으로. 성균관대학교 박사학위 논문.
3. Brigitte Leoni (2015). Resilience in focus at COP21, reliefWeb. retrieved September 21st, 2021 from: https://reliefweb.int/report/world/resil-

ience-focus-cop21.

4. Bruneau, M. et al. (2003). A framework to Quantitatively Assess and En-
   hance the Seismic Resilience of Communities. Earthquake Spectra. 19(4):
   733~752.

5. Collins Dictionary, retrieved Sep 27th, 2021 from https://www.collinsdictio-
   nary.com/dictionary/english/resilience

6. Norris, Fran. H. et al. (2008). Community Resilience as a Metaphor, Theory,
   Set of Capacities, and Strategy for Disaster Readiness, American Journal of
   Community Psychology. 41(1-2): 127~150.

7. Rodin, Judith (2014(a)). The Resilience Dividend: Being Strong in a World
   Where Things Go Wrong, Perseus Books Group

8. Rodin, Judith (2014(b)). The Resilience Dividend-YouTube, The Aspen Insti-
   tute. retrieved September 21st, 2021. from https://www.youtube.com/
   watch?v=S903N_sWLms,

9. UNDRR Terminology. retrieved September 21st, 2021. from https://www.
   undrr.org/terminology/resilience

(4)

1. 소방청. 2021. 2020년도 화재통계연감

2. 박진호.「중앙일보」, 비번인 소방관·경찰관이 아파트 화재 확산을 막았다. 검색:
   2021.06.13. 원문보기: https://www.joongang.co.kr/article/24081151#home

3. 김영헌.「한국일보」, 물에 빠져 심정지 온 10대 구한 '비번' 소방관. 검색:
   2021.08.30. 원문보기: https://www.hankookilbo.com/News/Read/
   A2021083016070002120

4. 고재형.「YTN」, 제주에서 비번인 소방관이 물에 빠진 심정지 환자 구해. 검색:
   2021.08.30. 원문보기: https://www.ytn.co.kr/_
   ln/0115_202108301045011137

(5)

1. 김광용. (2020). 코로나19와 지방자치단체의 재난관리. 한국행정연구원 재난안전
   연구실, 2020 재난안전 이슈와 정책 –코로나19 위기와 재난관리(13~22). 한국행
   정연구원.

(6)

1. 강윤재. 2020.03.22. 「고대신문」. [시론] 팬데믹 선포와 글로벌 위험사회의 숙명. 검색: 2021.9.11. 원문보기: https://www.kunews.ac.kr/news/articleView.html?idxno=31325

2. 바라바시(Albert-La'szlo' Baraba'si). (2002). 링크. (강병남·김기훈, 역) 서울: 동아시아 (2002).

3. World Health Organization. (2021). WHO-convened global study of origins of SARS-CoV-2: China Part.

4. WHO. 11 March 2020. WHO Director-General's opening remarks at the media briefing on COVID-19 - retrieved Sep. 11, 2021. from: https://www.who.int/director-general/speeches/detail/who-director-general-s-opening-remarks-at-the-media-briefing-on-covid-19---11-march-2020.

(7)

1. 안희경. (2020). 오늘부터의 세계 – 세계 석학 7인에게 코로나 이후 인류의 미래를 묻다. 서울: 메디치

2. 마크 데이비스. (2008). 조류독감- 전염병의 사회적 생산 (정병선, 역). 서울: 돌배개. (2005).

3. 존 C. 머터. (2016). 재난 불평등 – 왜 재난은 가난한 이들에게만 가혹할까 (장상미 역). 경기 파주: 동녘 (2015).

PART 3 Pre-Event: 재난 이전

(1)

1. 김민주. (2014) 300 : 29 : 1 하인리히 법칙. 서울: 미래의창

2. 연합포맥스. <시사금융용어> 하인리히 법칙. 검색: 2021.10.8. 원문보기: https://news.einfomax.co.kr/news/articleView.html?idxno=254795

3. Bird Jr, F. E., & Loftus, R. G. (1976). Loss Control Management. Loganville, GA, Institute Press.

4. Heinrich, H. W. (1941). Industrial Accident Prevention. A Scientific Approach. Industrial Accident Prevention. A Scientific Approach, (Second Edition).

(2)

1. 존 C. 머터. (2016). 재난 불평등 – 왜 재난은 가난한 이들에게만 가혹할까 (장상미 역). 경기 파주: 동녘 (2015).

2. 행정안전부. 2021.08.21. 「보도자료」, 국민과 함께하는 더 안전한 대한민국 구현을 위한 「2021년 국가안전대진단」 대장정 돌입.

3. National Institute of Building Sciences. (2019). NATURAL HAZARD MITIGATION SAVES: 2019 REPORT

(3)

1. 로빈 M. 호가스 & 엠레 소이야르. (2021). 경험의 함정.(최수영 역). 서울: 도서출판 사이.

2. Goldstein, W. M., & Einhorn, H. J. (1987). Expression theory and the preference reversal phenomena. Psychological Review, 94(2): 236~254.

3. Einhorn, H. J.; Hogarth, R. M. (1981). "Behavioral Decision Theory: Processes of Judgement and Choice". Annual Review of Psychology, 32: 53~88.

(4)

1. 기상청. 2021. 2020 지진연보.

2. 관계부처 합동. 2018.05.25. 「보도자료」, 정부, 지진방재 개선대책 발표 – 포항 지진 시 나타난 문제점, 반복하지 않겠습니다.

3. 일본 국토교통성. 알고 싶다! 지진에 대한 대비. 검색: 2021.9.12. 원문보기: https://www.mlit.go.jp/river/earthquake/ko/future/index.html

4. 행정안전부 국민재난안전포털. 검색: 2021.9.12. 원문보기: https://www.safekorea.go.kr/idsiSFK/neo/main/main.html

(5)

1. 유발 하라리. (2015). 사피엔스.(조현욱 역). 서울: 김영사.

2. Harrison, C. G., & Williams, P. R. (2016). A systems approach to natural disaster resilience. Simulation Modelling Practice and Theory, 65: 11~31.

3. Hogarth, R. M., & Klayman, J. (1988). Hillel J. Einhorn (1941–1987). American Psychologist, 43(8): 656.

(6)

1. 박대복 (2019) "수학여행에서 만난 산불, 위기 탈출 비결은?", 행복한교육 2019년 6월호, 검색: 2022.5.21. 원문보기: https://happyedu.moe.go.kr/happy/bbs/selectHappyArticle.do?bbsId=BBSMSTR_000000000281&nttId=9265

2. 정진우 (2015) 산업안전보건관리론; 이론과 실제, (주)중앙경제

3. 연합뉴스. 2019.4.15. [강원산불] "학생 29명 탈출 직후 관광버스는 순식간에 불탔다" 검색: 2022.5.21. 원문보기: https://www.yna.co.kr/view/AKR20190405102900061

4. 행정안전부 누리집 - 재난대비훈련, 검색: 2022.5.31. 원문보기: https://www.mois.go.kr/frt/sub/a06/b11/disasterTraining/screen.do

7. Duncan, et al. (2012) The Zero Index; A Path to Sustainable Safety Excellence, Behavioral Science Technology, Inc.

5. 「재난 및 안전관리 기본법」 (www.law.go.kr)

6. 「국민 안전교육 진흥 기본법」 (www.law.go.kr)

(7)

1. 소방방재청. (2009). 재난대비 국민행동매뉴얼 안전 길잡이

2. 행정안전부. (2021). 비상시 국민행동요령-소책자

3. 도쿄도. 도쿄방재.

4. FEMA. (2015). Are You Ready? An In-depth Guide to Citizen Preparedness. Lexington, KY

(8)

1. 행정안전부, 2018.5.21., 「보도자료」, 긴급신고전화 통합으로 신고는 쉽게, 출동은 빠르게

2. 행정안전부, 2019.12.27., 「보도자료」, 긴급신고전화 통합5년, 출동지령 소요시간 절반가량 단축

3. 행정안전부, 2021.10.27., 「보도자료」, 긴급신고전화 통합5년, 국민을 위한 안전망 역할

4. 행정안전부, 2022., 「업무보고」, 긴급신고전화 통합서비스

(9)

1. 국민안전처 재난안전상황실. 2015.4. CBS 재난문자방송설명서. 검색: 2021.9.13.
   원문보기: https://www.mois.go.kr/mpss/boardFileDownload.do;jsession-
   id=4YtHpVPe3LO068UIcaExb27H.node11?encFileName=CBS%EC%84%A4
   %EB%AA%85%EC%84%9C.L2RhdGEyL2RhdGEvMjAxNS8wNDIzLzAwM-
   DAvMTQyOTc3MDM2MjAwMTAwMDAwMDAwMDAuc3Q=
2. 기상청. 2018.5.31.「보도자료」, 지진 재난문자, 기상청이 직접 알린다.
3. 오승희·정우석·이용태. (2021). 코로나19 관련 국내 긴급재난문자 서비스 동향 분
   석. 주간기술동향, v.2008, 15~27
4. 행정안전부. 2017.10.13.「보도자료」, 긴급재난문자 수신 안 되는 휴대전화, '안전
   디딤돌' 앱 설치하세요 – 행정안전부 긴급재난문자 수신안내 홍보문자(SMS) 발송

(10)

1. 김영주. (2019). 재난관리자의 즉흥성(improvisation)과 ICT 활용이 재난대응 역
   량에 미치는 영향: 자기효능감의 조절효과를 중심으로. 한국행정연구. 2019, 28(3).
2. 김정곤. 이대성. 조재용. 한송이. 김태환. (2016). 사회재난 대응을 위한 ICT기술 활
   용 인식조사. 한국재난정보학회논문집. 2016, 12(3).
3. 배성훈. 박영원. 이솔희. 신민수. (2015). 재난안전통신망 구축 전략에 관한 연구. 한
   국지역정보화학회지 춘계학술논문대회 발표집
4. 산림청. 2021.02.01.「보도자료」산악지형 그대로 재현한 입체형(3D) 산불확산예
   측 시스템으로 정밀한 산불진화.
5. 아시아투데이. 2022.02.10. 소방청, 화재진압 드론·로봇 개발 박차. 검색: 2022. 5.
   11. 원문보기: https://www.asiatoday.co.kr/view.
   php?key=20220210010004964
6. 행정안전부. 2021.05.15.「보도자료」, 세계 최초, 엘티이(LTE) 기반 전국 단일 재
   난안전통신망 준공 및 개통- 구축 사업 기간 총 2년 3개월간의 대장정 종료
7. ADRC (Asia Disaster Reduction Center). (2017). A study visit to the affected
   areas by Kumamoto Earthquakes. retrived 222.3.11. from: https://www.
   adrc.asia/acdr/2016_index_kumamoto.php
8. Eggers, W. Datar, A. & Parent, D. (2020). How to redesign government work
   for the future. Deloitte Insights. retrieved 2022.3.11. from: https://www2.
   deloitte.com/us/en/insights/industry/public-sector.html

PART 4 Outbreak: 재난의 발생

(1)
1. 「재난 및 안전관리 기본법」 (www.law.go.kr)

(2)
1. 행정안전부. 2019.4.5. 「보도자료」, 강원도 동해안 산불 발생지역 재난사태 선포로 총력 대응
2. 박승기. 2020.3.18. 「서울신문」, 산림 공무원 "재난 업무는 힘들어" 산불방지과·산림보호 '기피 1순위' 검색 2021.8.30. 원문보기: https://go.seoul.co.kr/news/newsView.php?id=20200318012009&wlog_tag3=naver

(3)
1. 김광용. (2020). 코로나19와 지방자치단체의 재난관리. 한국행정연구원 재난안전연구실, 2020 재난안전 이슈와 정책 –코로나19 위기와 재난관리(13~22). 한국행정연구원.

(4)
1. 김양순 (2017) 국가 재난안전통신망 구축, 이렇게 실패했다; 14년 표류한 재난안전통신망 의사결정과정과 거버넌스 구조분석, 방송통신연구, 2017년 여름호 기획논문, 37~68
2. 오윤경 외 (2017) 환경변화에 대응한 재난관리체계 연구: 위기경보제도 개선을 위한 기초연구
3. 오윤경 (2013) Natech재난관리 방안 연구, 한국행정연구원
4. 행정안전부 2021.5.15. 「보도자료」, 세계 최초, 엘티이(LTE) 기반 전국 단일 재난안전통신망 준공 및 개통
5. Comfort, K.L. (2005) Risk, Security, and Disaster Management, The Annual Review of Political Science, 8:335~356
6. Comfort, K.L. (2007) Crisis Management in Hindsight: Cognition, Communication, Coordination, and Control, Public Administration Review, 67(1):189~197
7. Reynolds, B. & Seeger, M. (2007) Crisis and Emergency Risk Communica-

tion as an Integrated Model, Journal of Health Communication 10(1):43~55

(5)

1. 김민재. (2007). 재난 신화에 관한 분석. 한국방재학회논문집, 7(4), 31-39.

2. 김은영, 2020.6.9. 「청년의사」. 우리나라에서 코로나19 사재기가 발생하지 않은 이유는? 검색 2021.9.20. 원문보기: https://www.docdocdoc.co.kr/news/articleView.html?idxno=1081430

3. 레베카 솔닛. 2012. 이 폐허를 응시하라, 대재난 속에서 피어나는 혁명적 공동체에 대한 정치사회적 탐사. (정해영 역). 2012. 서울: 펜타그램.

4. 임대환. 2020.4.2. 「문화일보」. '코로나 사재기'서 한국은 예외... 왜? 검색: 2021.9.20 원문보기: http://www.munhwa.com/news/view.html?no=2020040201031603006001

5. 장은수. 2020.3.21. 「매일경제」. 〔책과 미래〕 재난 유토피아. 검색: 2021.9.20. 원문보기: https://www.mk.co.kr/opinion/contributors/view/2020/03/292750/

6. 충청남도. 2018. 허베이 스피리트호 유류오염사고 극복 백서

7. Hyun, J., You, S., Sohn, S., Kim, S. J., Bae, J., Baik, M., ... & Chung, U. S. (2020). Psychosocial support during the COVID-19 outbreak in Korea: activities of multidisciplinary mental health professionals. Journal of Korean medical science, 35(22).

(6)

1. 류현숙·김경우. 2019. 재난안전정보 및 소통과정의 신뢰성 제고 방안. 행정연구원 KIPA 연구보고서.

2. 오범조. 2021.06.28. 보건의료이슈, 인포데믹스: 보건의료 분야의 정보 왜곡, 한국 보건의료연구원.

3. 이형진. 2021.10.06. 「뉴스1」, '방역수장' 정은경이 꼽은 가장 어이없는 가짜뉴스. 검색: 2021.10.20. 원문보기: https://www.news1.kr/articles/?4453931

4. 정용민. 2019.02.21. 「이데일리」, [위기관리 백팔수(百八手): 70편] 정보의 진공은 항상 깨라, 검색: 2021.10.1. 원문보기: https://www.edaily.co.kr/news/read?newsId=01512086622392816&mediaCodeNo=257

5. 최진봉. 2015. 위기관리 커뮤니케이션. 서울: 커뮤니케이션북스.

6. Birkland, T. A. (1997). After disaster: Agenda setting, public policy, and focusing events. Georgetown University Press.

7. David J. Rothkopf. May 11, 2003. The Washington Post. When the Buzz Bites Back. retrieved 2021. Sep. 17. from: https://www.washingtonpost.com/archive/opinions/2003/05/11/when-the-buzz-bites-back/bc8cd84f-cab6-4648-bf58-0277261af6cd/

8. Slovic, P. (1993). Perceived risk, trust, and democracy. Risk Analysis, 13(6), 675~682.

9. WHO. Infodemic. retrieved 2021. Sep. 17. from: https://www.who.int/health-topics/infodemic#tab=tab_1

(7)

1. 김아련, 2020.5.20. 「시선뉴스」, "국가 재난 상황, 왜 꼭 노란옷을 입을까...다른 나라는 어때?", 검색: 2021.9.10. 원문보기: http://www.sisunnews.co.kr/news/articleView.html?idxno=124979

2. 남정미, 2020.3.14. 「조선일보」, "비상시 트럼프는 항공 점퍼, 시진핑은 검은색, 文 대통령은 노란색 점퍼," 검색: 2021.9.10. 원문보기: https://www.chosun.com/site/data/html_dir/2020/03/13/2020031301777.html

3. 민방위 복제 운영 규정, 행정안전부 훈령 제1호.

4. 윤창수, 2017.2.1. 「서울신문」, "[관가 블로그] 라임색 민방위복 카키색으로 바뀌나," 검색: 2021.9.10. 원문보기: https://go.seoul.co.kr/news/newsView.php?id=20170202012006

(8)

1. 고동현. (2015). 사회적 재난으로서 허리케인 카트리나. 한국사회정책, 22(1): 83~119.

2. 박치성·백두산. (2017). 재난상황 초기 대응 실패에 대한 정책행위자의 비난회피 행태 분석: 메르스 사태를 중심으로. 행정논총 55(1): 41~76.

3. 이동규. (2017). 총괄적인 재난안전관리체계 구축을 위한 국민안전처의 조직 개편 방안. EAI 연구보고서

(9)

1. 박승기. 2020.3.18. 「서울신문」, 산림 공무원 "재난 업무는 힘들어" 산불방지과·

산림보호 '기피 1순위' 검색 2021.8.30. 원문보기: https://go.seoul.co.kr/news/newsView.php?id=20200318012009&wlog_tag3=naver

PART 5 Post-Event: 재난 이후

(1)
1. 행정안전부. (2021). 재해구호계획 수립지침
2. 행정안전부. (2021). 자연재난조사 및 복구계획수립 지침
3. 행정안전부. (2022). 사회재난 구호 및 복구 업무편람
4. 행정안전부. (2020). 사회재난 피해자 지원정책 안내서
(2)
1. 행정안전부. (2021). 「재난구호과 업무보고」 재난심리회복지원 추진계획
2. 행정안전부. (2021). 재난심리회복지원 업무 매뉴얼
3. 행정안전부. (2020). 사회재난 피해자 지원정책 안내서
4. 임현우. (2019). 재난관리론(이론과 실제), 박영사

(3)
1. 행정안전부. (2022). 「재난보험과 업무보고」 시민안전보험 개요

(4)
1. 김광용. (2018). 한국인의 위험인식에 관한 연구: 사회위험인식과 범죄위험인식을 중심으로. 박사학위 논문, 서울대학교 대학원.
2. 김영무. (2014). 세월호 참사를 계기로 돌아본 외항해운업계의 상황진단: "해운산업 전반에 대한 부정적 이미지 개선 시급". 해양한국, 2014(9), 22~29.
3. 박기묵. (2015). 세월호 참사 희생자 부모들의 심리적 외상에 관한 기술적 접근. 한국콘텐츠학회논문지, 15(9), 134~145.
4. 박영태. (2014). 세월호 사건과 관련된 휴양 콘도미니엄의 피해. 한국관광정책. 통권 제56호(2014년 여름), 45~46.
5. 서상호·최원주·강지화. (2015). 세월호 참사 보도로 촉발된 '기레기' 논란에 대한 언론보도 수용자의 인식에 관한 연구. 주관성 연구, (31), 55~74.
6. 이나빈·심기선·한상우·이강욱·심민영·채정호·안현의. (2015). 세월호 참사 후

재난심리지원 실무자들의 경험을 통해 본 국내 재난심리지원체계의 한계 및 개선 방안. 정신건강과 사회복지, 43(4), 116~144.

7. 이동훈·신지영·김유진. (2016). 세월호 재난으로 친구를 잃은 청소년의 외상경험에 관한 질적 연구: 상담자의 보고(report)를 중심으로. 한국심리학회지: 일반, 35(1), 89~120.

8. 이미나·하은혜·배정근. (2015). 세월호 취재기자의 심리적 외상의 지속양상과 영향요인에 관한 종단연구. 한국언론학보, 59(5), 7~31.

9. 이진의·김진옥·김남조·김분한. (2014). 기술재해 이후 국민들의 인식유형에 따른 외상 후 스트레스 장애: 세월호 참사를 중심으로. 주관성 연구, (29), 5~27.

10. 정수영. (2015). '세월호 언론보도 대참사'는 복구할 수 있는가?: 저널리즘 규범의 패러다임 전환을 위한 이론적 성찰. 커뮤니케이션 이론, 11(2), 56~103.

11. 한국교통연구원. 2014.10.13.「보도자료」, '세월호 사고 6개월 국민안전의식 변화' 설문조사 결과.

12. 한국은행. 2014.5.18.「보도자료」, 한국은행 지역경제보고서(2014년 2/4분기) 발간.

(5)

1. 양정우·박초롱, 2017.7.20.「연합뉴스」, '안전' 붙였다 떼었다…4년간 간판 3번 바꾼 행정안전부, 검색: 2021. 9. 11. 원문보기: https://www.yna.co.kr/view/AKR20170720080000004

2. 박중훈. (2016). 역대 정부 조직개편에 대한 성찰과 전망. KIPA 연구보고서 2016-38. 한국행정연구원.

3. OECD. (2014a). Recommendation of the Council on the Governance of Critical Risks. Retrieved Sep. 11, 2021. from: http://www.oecd.org/mcm/C-MIN(2014)8-ENG.pdf

4. OECD. (2014b). Learning from Crises and Fostering the Continuous Improvement of Risk Governance and Management, 4th meeting of the High Level Risk Forum. Retrieved Sep. 11, 2021. from: http://www.oecd.org/officialdocuments/publicdisplaydocumentpdf/?cote=GOV/PGC/HLRF(2014)10&docLanguage=En

(6)

1. 국토교통부. 2018.11.15. 「보도자료」, 생활SOC 등 전국 14곳 도시재생 시범사업지 지원계획 확정.

2. 권설아. (2018). 시계열자료 분석을 통한 재난 발생 이후 지역경제 회복력에 관한 연구. 한국콘텐츠학회논문지, 18(5): 456~463.

3. 김진홍·도영웅. (2018). 포항지진의 경제적 영향 추계 및 정책적 시사점. 한국은행 포항본부.

4. 박한나·송재민. (2016). 자연재해가 지역경제에 미치는 영향. 국토계획, 51(2), 193-213.

5. 정정길·최종원·이시원·정준금·정광호. (2016). 정책학원론, 서울: 대명출판사

6. 정지범. (2009). 광의와 협의의 위험, 위기, 재난관리의 범위. 한국방재학회논문집, 9(4):61~66

7. 행정안전부(2018). 2017 포항지진 백서.

8. Cavallo E, Powell A, Becerra O(2010). Estimating the direct economic damage of the earthquake in Haiti, The Economic Journal, 120(546).

9. McSweeney K. et al.(2011). Climate-related disaster opens a window of opportunity for rural poor in northeastern Honduras, Proceedings of the National Academy of Sciences of the United States of America, 108(13): 5203~5208.

10. Skidmore M, Toya H(2002). Do natural disasters promote long-run growth? Econ Inq, 40: 664~687

11. Webb G, Tierney K, Dahlhamer J(2002). Predicting long-term business recovery from disaster: A comparison of the Loma Prieta earthquake and Hurricane Andrew. Environ Hazards 4(1): 45~58.

(7)

1. 나오미 클라인. 2008. 쇼크 독트린 - 자본주의 재앙의 도래 (김소희, 역) 경기 파주: 살림Biz (2008)

2. 나오미 클라인. 2021. 자본주의는 어떻게 재난을 먹고 괴물이 되는가 (김소희, 역) 서울: 모비딕북스. (2008).

3. 존 C. 머터. (2016). 재난 불평등 – 왜 재난은 가난한 이들에게만 가혹할까 (장상미 역). 경기 파주: 동녘 (2015).

재난의 시대

재난이란 무엇인가?

초판 1쇄 인쇄　　2022년 10월 12일
초판 1쇄 발행　　2022년 10월 19일

지은이 | 김광용·오윤경·이재율·지용구·차상화·최병윤 공저
펴낸이 | 박정태
편집이사 | 이명수　　　　　　　출판기획 | 정하경
편집부 | 김동서, 전상은, 김지희
마케팅 | 박명준　　　　　　　온라인마케팅 | 박용대
경영지원 | 최윤숙, 박두리

펴낸곳　　　　BOOK★STAR
출판등록　　　2006. 9. 8. 제 313-2006-000198 호
주소　　　　　파주시 파주출판문화도시 광인사길 161 광문각 B/D 4F
전화　　　　　031)955-8787
팩스　　　　　031)955-3730
E-mail　　　　kwangmk7@hanmail.net
홈페이지　　　www.kwangmoonkag.co.kr

ISBN　　　　　979-11-88768-57-8 03300
가격　　　　　13,000원